AF222778

MEIN WEG NACH HAUSE

DAS ZIEL SPIRITUELLER WEGWEISER IM ALLTAG

MEIN WEG NACH HAUSE

DAS ZIEL SPIRITUELLER WEGWEISER IM ALLTAG

Herstellung und Verlag:
Books on Demand GmbH, Norderstedt
ISBN 978-3-8423-5474-6

Autorin: Dagmar Schmalvogl
Cover & Rückseite: Erich Binder
Satz & Lektor: Ilse Purgstaller, Erich Binder

INHALTSVERZEICHNISS

Vorwort

Dieses Buch wurde mir von den Engeln und Mutter Maria durchgegeben.

Es freut mich, Euch im Namen der Christuskraft diesen spirituellen Wegweiser des Lichtes zu offenbaren. Durch mich soll den Menschen hier auf Erden gezeigt werden, die Herzen zu öffnen das Licht von innen nach außen erstrahlen zu lassen.

Durch BEWUSSTWERDUNG, Selbsterkenntnis, Selbstliebe erfahre ich, wer ich in Wirklichkeit bin. ICH BIN, DER ICH BIN SO STEHT ES IN MEINEN HERZEN DRINN.

Es ist an der Zeit, an alle dieses Wissen weiter zu geben, im Namen des Lichts. Jeder trägt das Licht in Sich, dunkle Schatten sind Vergangenheit, die nun losgelassen werden können. Jeder Mensch sehnt sich nach Harmonie und Frieden in dieser Welt.

Die Neue Zeit bis 2012 bringt viele Veränderungen auf diesen Planeten Erde und wir können viel dazu betragen, mit Licht die Welt schöner harmonischer und friedvoller zu gestalten.
Der Schlüssel dazu ist die bedingungslose Liebe zu leben und weiter zu geben.

Nimm Dir die Zeit, setzt Dich hin mit einem Blatt Papier. Schreibe alles auf was Dir in diesem Augenblick einfällt zu, "WER BIN ICH WIRKLICH", gehe tief in dein innerstes, dein Herz und horche was es Dir zu sagen hat, notiere dir die Gedanken die jetzt hochkommen ohne Nachzudenken und schaue Dir diese Gedanken dann an, es wird Dich zur Wahrheit führen.

Unsere Mutter Erde braucht viele lichtvolle Menschenkinder die Ihren Weg nach Hause antreten.

So können wir, auf diesen Planeten Erde Harmonie, Licht und Liebe verbreiten dies ergibt tiefen Frieden in uns und auf Erden. Habt keine Angst, vor der Angst sie besteht nur aus Eurem EGO, dass mit Euch ein Spiel spielt.

Der Verstand schaltet dein Herz aus, nimm jetzt deine ganze Kraft und Mut zusammen, und geh in dein Innerstes, es ist an der Zeit aufzustehen und weiterzugehen.

Das Licht in Dir, leuchtet deine Schatten aus, der Tunnel wird immer heller, voran Ihr Lichtkrieger der Weg ist das Ziel.

Werdet zu den Meistern, die Ihr in Wirklichkeit seid, nur gebt nicht auf, Ihr habt die Macht über Euer Leben, und wer Ihr in WIRKLICHKEIT seid.

Vorstellung der Autorin

Dagmar Schmalvogl

Verfasserin dieses Buches, ist die Mutter von 3 Kindern:

Christian, Gerald, Corinna und mein Sonnenschein Enkerl
Leon Emilio.

Alle 3 Kinder leben in eigen Verantwortung Ihr leben. Zuvor
wohnten sie in Niederösterreich und sind dann im Jahre 2004
nach Wien übersiedelt. Der älteste Sohn lebt seit 1999 in der
Schweiz.

Dagmar, hat den Großteil Ihres Lebens dafür gewidmet
anderen zu dienen, ihre Kinder großzuziehen, wobei schwere
Schicksalsschläge und schwere Krankheiten ihren Weg
überschatteten.

Trotzdem hat Sie Ihren Lebensmut, Frohsinn und vor allem Ihr
Herz nicht verloren. Sie hat die Güte und Herzenswärme eines
Erdenengels.
Sie ist eine ausgebildete Dipl. Rückführungstherapeutin und
hat sehr viel Freude daran, die hohen Schwingungen der
früheren Leben und Seelen mit anderen teilen zu können.

In ihrer Arbeit als Reiki Meister/Lehrerin arbeitet sie auch sehr
viel mit Aromaölen und Kräutern, diese tragen dazu bei die
Selbst-Heilungskräfte jedes Menschen zu aktivieren.

Diese Werkzeuge können Harmonie, das Gleichgewicht und
die Balance des Körpers, wieder herstellen und die neuen
Lebensziele wieder manifestieren.

Diese Art der Behandlung mit Ölen und Kräutern in
Verbindung mit Geistigem Heilen (Reiki) wurden schon in
Atlantis und 1000 v. Christi angewendet und sollten in der
Neuen Zeit hier auf Erden nicht fehlen.

Sie ist sehr dankbar, dass sie auf diesen wundervollen Weg
des Lichts und den Werkzeugen Humanenergetik geführt

wurde, um dies mit göttlicher Führung an die Menschen weiterzugeben.
Sie verfügt außerdem über die Fähigkeiten mit der höchsten Quelle, den aufgestiegenen Meistern, und Engeln sowie Seelen zu kommunizieren.

Sie schreibt seit Jahren empfangene Botschaften nieder und fühlt sich jetzt bereit einen Teil ihrer Erfahrungen als "WEGWEISER" bzw. als Buch niederzuschreiben.

Dagmar, und Ihre 3 Kinder wurden 2004 dazu angeleitet nach Wien zu ziehen, Alles aufzugeben, hinter sich zu lassen und einen neuen Weg einzuschlagen ohne vorher zu wissen was die Zukunft bringt.

Dagmar, hat die letzten Jahre damit verbracht ihre Gesundheit in den Griff zu bekommen, mit Gottes Hilfe und ihren Glauben an sich selbst mit dem Machtwort: "ICH BIN GESUND".

Dagmar, hat viele alte Muster erkannt, sie transformiert und losgelassen. Die Selbstliebe gab ihr viel Vertrauen und die Kraft und den Mut alles durchzustehen.

Sie akzeptierte vieles, erkannte Muster aus früheren Leben, und bearbeitet ein Thema nach dem anderen.

Sie übergab die Probleme, die sie SELBST nicht mehr schaffte an das Licht ab und bat um göttliche Führung, lernte daraus im JETZT zu leben und alles zu akzeptieren so wie es ist.

Sie gründete im Jahre 2009 den "VEREIN HEALING HANDS" (kleines Heilzentrum) um als Kanal der Energie (Reiki) und Seelengespräche den Menschen zu helfen, in ihre Selbstheilung zu kommen. Healing Hands dient dazu die Selbstheilung in verschiedenen Arten voranzubringen.

Nur durch ihr Vertrauen zu sich Selbst und durch die Führung ihres Herzens, hat sie den Punkt erreicht, an dem sie heute steht. Immer im Vertrauen, stets geführt von ihrem Herzen.

Augenblick für Augenblick sieht sie neuen Wundern entgegen, das ihr ANGELLIGHT bewirken wird. Stets in Dankbarkeit was

Gott ihr und der Familie bis jetzt gegeben hat, ein wundervolles Enkelkind Leon Emilio ein Kristallkind, eine nette kleine Wohnung, und vor allem Gesundheit, die sie vorher nicht kannte, die Dankbarkeit dafür das sie die Möglichkeit hat, dem Schöpfer mit ihrer Lichtarbeit zu dienen.

Erich

ERFAHRUNGSBERICHTE IM ALLTAG

Bevor ich mit diesen Buch weiter fortfahre, möchte ich gerne schildern, wie ich diese Informationen erhalten habe, und auch ein wenig über meinen steinigen Weg bis ins Ziel.

Wie ich diesen trotz Schwierigkeiten und Krankheiten überwunden hatte und eine Hürde nach der anderen mir Selbst auferlegt hatte dies kann ich hier und jetzt erzählen:

Da ich schon länger meditierte und verschiedene Botschaften erhielt von meinen Angellight, konnte ich sie nicht klar definieren, ich glaubte sie würden mit anderen Menschen in Zusammenhang stehen. Ich suchte nach Lösungen im außen, und schaute mir selber meine innerste Seite nicht an.

Mit meiner Familie konnte ich über diese Erfahrungen nicht sprechen, da keiner dabei ist der den lichtvollen Weg eingeschlagen hat. Also suchte ich im außen, jemanden der mit mir diesen Weg teilte.

Ich begann im Jahre 2007 in einem Esoterik-Forum zu chaten um auf Gleichgesinnte zu stoßen, sich mit seines gleichen auszutauschen, damals lebte ich in einer Lebensgemeinschaft die sehr kompliziert war und mein Herz sagte mir die ganze Zeit, hier endet euer Weg, ich wollte oder besser gesagt ich konnte diesen Schritt der Trennung nicht durchführen, die Angst saß mir im Nacken und emotional tat es sehr weh, nach so langer Zeit -18 Jahren- etwas loszulassen.

Doch immer wieder bekam ich andere Krankheiten, die ich nicht beachtete und statt den Ursprung zu finden, begab ich mich wieder und wieder ins Krankenhaus, es folgten 2 Halswirbelsäulen OPs mein Gesundheitszustand war nicht der Beste.

In der Zwischenzeit, meldete sich ein Gleichgesinnter Esoteriker aus dem Forum, der ebenfalls Leute aus diesem spirituellen Bereich suchte. Wir vereinbarten ein Treffen, lernten uns kennen, und vom ersten Augenblick an, dachte ich dieser Mensch ist einfach Göttlich, er trägt etwas in sich das mich an Jesus Christus erinnert. Irgendwie hatte ich auch das

Gefühl, als würde ich mit diesen Menschen verbunden sein, oder ihn schon länger kennen.

Mein Gegenüber stellte sich als Erich vor, verheiratet 3 Kinder Beamter, auf der Suche nach gleichgesinnten im Esoterikbereich, da in seiner Familie keiner außer ihm diesen lichtvollen Weg eingeschlagen hat.
Ich dachte, dieses ist ja so wie bei mir. In Abständen von 3-4 Monaten trafen wir uns bei Esoteriktreffen mit anderen Esoterikern und kamen so immer weiter auf den lichtvollen Weg nach Hause. Meditationen zeigten uns unsere lichtvollen und auch unsere dunklen Schatten auf.

Doch mein Vertrauen zu mir Selbst, war nicht sehr groß um die Botschaften meiner Seele wahrzunehmen, ich war damit beschäftigt meinen Gesundheitszustand in Ordnung zu bringen.

Es dauerte sehr lange, bis ich endlich die Zusammenhänge erkannte, jede Krankheit hat eben einen Ursprung, diesen mit Medikamenten zu bekämpfen oder der letzte Schritt wenn es nicht mehr geht, sich einer Operation zu unterziehen.

Es war ein langsamer Prozess, der einige Jahre dauerte, doch ich hatte Erich, der mich immer wieder anfeuerte, gib nicht auf, Du wirst GESUND wenn Du es willst. In vielen Meditationen, erschien mein ANGELLIGHT und gab mir Botschaften, die sehr verwirrend waren, doch mein Herz sagte mir, entschlüssele Sie, es ist der Weg nach Hause und der ist dein Ziel.

Nun dachte ich was heißt das wohl. Erich, wurde mein REIKI MEISTER/LEHRER und in vielen Energiebehandlungen und Seelengesprächen, kam ich immer mehr zum Erkenntnis, der Schlüssel für meine GESUNDHEIT, GLÜCK, HARMONIE U. FRIEDEN lag in mir SELBST.

Ich brauchte nicht im Außen suchen, sondern mir einfach mein innerstes anzusehen, aber dies tat verdammt weh. Also verschloss ich meine Augen, und ging den Weg weiter, etwas in mir, drängte in eine andere Richtung, so folgte ich meinen Herzen und schlug eine Neuen Weg ein, ich gab alles auf meine Lebensgemeinschaft, mein ganzes Hab und Gut, es folgte Hausverkauf, Geschäftsauflösung, Ortswechsel von Haus in eine kleine Gemeinde Wohnung.

Ich wusste nicht, ob es die richtige Entscheidung war, viele Schwierigkeiten kamen auf mich zu und durch die göttliche Führung, die ich erbat, Hilfe von Oben, dem Schöpfer unser Universum, begab ich mich auf einen neuen Weg.

Meine Engel begleiten mich jeden Tag, wenn ich sie aufrichtig darum bat, es kamen Hinweise und Botschaften, sie führten mich zu den richtigen Ärzten, Ämter und Behörden um mir zu zeigen, folge dem Licht, und Du bist am richtigen Weg. AngelLight führte mich, es war wie ein Wunder, wie schnell ich auf meinen spirituellen Pfad weiter kam, begleitet mit Reikibehandlungen von Erich, arbeitet ich auch an mir SELBST fleißig weiter, jeden Tag eine Selbstbehandlung und Meditation, gleichzeitig wurde mir aber klar, das Erich die selben Anteile in sich trägt, vielleicht nicht so viele wie Ich.

Wir arbeitet, Stück für Stück miteinander auf, die heilenden Hände durch die universelle Lebensenergie geleitet, brachte mich im näher zu den Botschaften, die ich nie entziffern konnte.

Ich schrieb, mir alle Botschaften auf um sie jeder Zeit abrufen zu können. Es sträubte sich vieles in mir mit meiner Familie darüber zu reden, und die Verantwortung für meinen Weg endlich zu übernehmen. Viele Ausreden hatte ich für mich selber bereit, machte mich selber weiterhin emotional und körperlich krank, der einzige Ansprechpartner über Esoterik und Spiritualität war Erich.

Im ging es ähnlich, in seiner Familie ging er den lichtvollen Weg, mit seinem Wissen geleitet von seinen SPIRITS bestärkte er mich immer mehr, den steinigen Weg weiterzugehen.

Ich erkannte, dass ich Verantwortung für mich alleine übernehmen muss, mein Leben zu ordnen, und jeder Mensch verantwortlich für sich selber ist. Das Leben ist wie ein Drehbuch, wir sind die Hauptdarsteller, die Seele unser

Archiv. Alle Daten werden dort von früheren Leben und Inkarnationen gespeichert. Du kannst Sie jeder Zeit abrufen!

Jeder Mensch muss die Informationen die für Ihn SELBST wichtig sind und der Wahrheit entsprechen, Selbst heraus filtern, und sich darüber ein Bild machen und es dann an sich Selbst anwenden. Ich kann nur das was ich empfange, das ich für meine Wahrheit halte, weitergeben, und es ist jeden Einzelnen selbst überlassen, der dieses Buch liest herauszufinden, ob dies für Ihn auch der Wahrheit entspricht oder nicht.

Durch mein Angellight und dank meiner Freunde, wurde ich ermutigt, diese einfachen Informationen, einfach ein WEGWEISER im Alltag in großer Freude zu teilen, mit anderen Menschen da ich weiß das sie für mich der Wahrheit entsprechen.

Ich bin mir heute bewusst, dass ich mit jeder Zelle meines SEINS, das empfangene und erlebte, die Wahrheit über mein ICH BIN ist, und es mir sehr viel Freude bereitet, dieses Buch mit Hilfe meiner schöpferischen Kreativität des Schreibens, zum Ausdruck bringen, und jede Information die ich von den Meistern erhielt, zu diesem Zeitpunkt genau nach Plan, im Aufbruch in die Neue Zeit, die den Planeten Erde durch unser Licht verändert, aus meinen Herzen den Lesern dieses Buches einen WEGWEISER im Alltag durch Selbsterfahrung, Selbsterkenntnis einfach ans Herz legen möchte.

Danke, meinen aufgestiegenen Meistern, für Ihre Geduld auf meinen Weg nach Hause, denn erst heute weiß ich meine Lebensaufgabe, und bin bereit sie zu leben. Ich erkenne mich SELBST, im Innersten meines Herzens, und das kann ich jetzt leben. Dafür bin ich ewig dankbar. Jedes Mal habe ich neue Erkenntnisse, und dies ist eine wunderbare Tatsache und schönes Gefühl.

Ich habe viele dunkle Seiten durchgemacht, und bin oft mit der Ohnmacht der Verzweiflung in Berührung gekommen.

Panikattacken machten sich bemerkbar, durch die Meditation erkannte ich, dass dies nichts anderes als mein EGO und mein Verstand und die Angst war. Diese 3 Weggefährten so nenne ich Sie, wollten nichts anderes als mich von meinen Weg abbringen.

Manchmal gelang es ihnen, dann war mein ANGELLIGHT im dunklen und Nebelschwaden in meinen Innersten. Sie versuchten mir mein Licht zu stehlen, aber als ich dies begriffen hatte, ließ ich das nicht mehr zu. Ich wehrte mich und sträubte mich dagegen, mein Licht war mir Heilig und zugleich Heilung für mich. Meinen 3 Weggefährten wollte ich nicht die Oberhand überlassen, nicht mehr.

Manchmal verfalle ich noch in selbsterschaffene Depressionen und emotionalen Seelenschmerz, doch wenn ICH mich SELBST dann frage," WAS WÜRDE EINE GÖTTIN JETZT TUN", in jeder Situation anwendbar, für jeden Menschen variabel, so wie er sich SELBST sieht, einfach" ICH BIN", zu mir Selbst sagen, dann bin ich EINS mit Mir und dem Universum. Die ersten Gedanken sind aus unserem Herzzentrum, unserer inneren Mitte, das ist die Basis des Vertrauens, unser Urvertrauen, das wir leider im laufe der Jahre verloren haben, durch Gesellschaft und Konsumgüter denken.

So gab ich das Kommando über meine menschliche Schöpfung, den Weg ins Licht, einfach meinen Meistern und bat um innere Führung, sodass ich aber alles in kleinen Schritten für mein Tempo bestimmten Abschnitten lernen und loslassen konnte.

Ich sah mein ANGELLIGHT wieder mehr und mehr leuchten, kaum hatte ich eine Lektion gut gemeistert, freute ich mich war in meiner Glückseligkeit, in meiner inneren Mitte, kam ein Tiefschlag und ich fiel noch tiefer, wie eine Berg und Talfahrt ging es dahin. Erst jetzt begriff ich, dass diese Lektionen meine Aufgaben waren, aus verschiedenen Fehlern aus Karma, früheren Leben zu lernen, sie zu meistern, als ging ich einen Meisterschaftsweg nach Hause.

Dankbarkeit und Glückseligkeit erfüllt von tiefer Freude, war in mir wenn ich wieder ein Stück meines Weges geschafft hatte. Doch meine Geduld, ist auch so eine Sache, die ein Teil meines SEINS ist, und es bedarf noch ein bisschen Übung darin, zu lernen im Leben geduldig zu sein.

Dies Erkenntnis brachte mich immer wieder ein Stück vorwärts, an dem ich noch arbeiten musste, Geduld, Verantwortung und Ordnung sowie Disziplin mir SELBST gegenüber, und nicht den anderen.

Obwohl ich mir SELBST auf jeder Ebene meines Lebens, Leid VERURSACHT habe, hat sich dies aufgrund meiner Lernlektionen des täglichen Lebens gelohnt, den Weg des ICH BIN weiter zu gehen.

Ich bete, nur das jeder Mensch einen einfachen Weg findet durch die dunkle Nacht seiner Schattenseiten zu gehen, seinen Seelenweg antritt um nach Hause zurück zu kehren, zu seinem Geburtsursprung, seine Kindheit in sich SELBST findet, jeder Mensch der diesen Reiseweg antritt, entscheidet sich, für das Richtige, er leistet einen Beitrag, für diejenigen, die nachkommen, und es wird leichter für alle SEIN.
Bei den wichtigen Lektionen, die ich erteilt bekam, die auch sehr schmerzvoll waren und emotional, körperlich oft nicht zu bewältigen, wurde mir bewusst, was ich daraus lernen sollte, einfach mich SELBST wichtig zu nehmen. trotz aller meiner menschlichen Fehler die ich in mir trug, mich so zu lieben und mir SELBST vergeben, jeden Tag für meine Fehler die ich mache.

Dadurch habe ich gelernt, mich SELBST zu akzeptieren sowie ICH BIN, ohne dabei perfekt sein zu müssen, nur auf mich SELBST zu hören, das mir heraus zu nehmen, was für mich GUT ist.

Mit meinen Energien richtig umzugehen, um meinen Körper gesund zu erhalten. Den mein Körper ist mein Tempel und ich bin die GÖTTIN in mir. Mittlerweile bin ich soweit, dass ich Vertrauen in mich SELBST und meinen Fähigkeiten habe.

Den Grossteil meines Lebens verbrachte ich, das zu tun was andere von mir verlangten und von mir wollten. Jeder Augenblick, jeder Tag wurde von den Wunsch, andere Leute zufrieden stellen zu wollen angeregt, und erkannte das dies nicht der richtige Weg ist, und begab mich auf eine innere Reise zu mir SELBST, und erkannte die Wahrheit wer ich eigentlich wirklich bin und weshalb ich hier bin, welche Aufgabe ich zu erfüllen habe.

Ich kam mir sehr minderwertig vor, und nicht geliebt war immer nach der Suche im Außen, nach Liebe, Zuneigung, Wertschätzung und Lob. All diese Dinge waren für mich sehr von Bedeutung, den Sinn des Lebens habe ich nicht begriffen, in meinem Herzen war das innere Kind auf der Strecke geblieben, es hatte sich ins dunkle Kämmerlein zurückgezogen, ohne Fenster, von der Welt abgeschnitten. Mir wurde klar, dass ich mich SELBST blockierte und mein Umfeld dazu.

Doch alles in mir sträubte sich die Wahrheit zu erkennen, einfach Nachschau zu halten, und meinen Wesenskern der Seele zu erforschen. Nein, anstatt dessen begann ich mich anders zu orientieren.

Besuchte munter und heiter Esoterikveranstaltungen, Workshops und pickte mir einzelne Elemente heraus, um diese dann auch auszuprobieren. Ich bat immer wieder ANGELLIGHT und meine Meister um inneren Führung, kam mir schon sehr komisch dabei vor, immer wieder dieselben Fragen, weshalb kann der das, und die das und ich nicht. Bis ich in einer Meditation, eine Vision hatte.

Ein Kreis mit vielen Personen und die hielten alle die Hände zum Himmel hinauf.

Ich konnte damit sehr wenig anfangen. Schaute in verschiedenen Traumbüchern nach und fand keine Lösung dafür. Plötzlich fiel es mir wie Schuppen von den Augen, die Lösung war ich Selbst. Ich bat um innere Führung, meiner Probleme und Übergab sie dem Universum, die Gedanken waren schon lange manifestiert, doch in meinen Übereifer alles zu können, um nicht hinten nach zu stehen, vergaß ich das.

Erst als ich mein ICH BIN, meine höchste Quelle, des reines Lichts und der Liebe, meine Seele rief, kam ich zu diesen Erkenntnis, die Hilfe von oben war unterwegs man muss nur

Geduld haben.

Neid, Eifersucht, Zweifel, Zwang, Beurteilen und Verurteilen waren noch immer in meinen DNA System zu erkennen, ich kannte mich als andere Person, durch die göttliche Führung, konnte ich den Kern meines wahren Sein erkennen und es machte mir Angst. WER BIN ICH?

Ich bin, so wie mich die anderen haben wollen. Durch viele Jahre hindurch, haben wir uns alte Gewohnheiten zur Bequemlichkeit gemacht, dem Partner angepasst, teilweise diese Verhaltensmuster auch angenommen, und gelebt, ohne das wir uns darin SELBST erkannten. Es wurde unser Alltag, zur Routine, und wir zum Roboter. Das Herz ging dabei verloren, es siegte der Verstand und unsere 3 Wegbegleiter.

Die Liebe die wir suchten, suchten wir im Außen, dabei wäre es einfacher gewesen, dem menschlichen Schöpfertum zu folgen, unser Licht zu erkennen im innen und außen, und jeden Tag mit unseren inneren Kind sich aussöhnen, um unsere eigenen dunklen Schatten zu bearbeiten.

Sind wir ehrlich zu uns SELBST, die Angst sitzt uns im Nacken, dieser ist verspannt und tut uns weh. Wir tragen die Lasten unserer Vorfahren und Ahnen, aus früheren Leben, sowie den gesamtem Rucksack voll bepackt unserer Familien auf den Schultern, fühlen uns jeden Tag aufs neue erdrückt, von dieser schweren Last und wissen nicht wieso?

Einmal tut uns die linke Schulter weh, dann wieder mal die rechte Schulter, oder einfach beide. Na, dann gehen wir halt ein paar Mal zum Masseur und vermeiden Zugluft, tragen weniger schwer und alles ist wieder in bester Ordnung. Ja, für den Augenblick von 4 - 6 Wochen aber dann fängt das ganze wieder von vorne an. Keiner von uns stellte sich jemals die Frage, WAS ERDRÜCKT MICH SO? Der Ursprung, liegt weit zurück und doch so nah, in unserem SEIN.

Wir erschaffen uns, diese Lasten selber, jeder Mensch ist für seinen Rucksack selbst verantwortlich, ohne wenn und aber. Erst als ich Anfing, meinen Rucksack leichter zu machen, altes überholtes wegzuräumen, auszumisten, wurde es leichter. Doch sehr viele karmische Verbindungen, Ahnengeschichten, und der Hand zum dienen, drückten immer wieder.

Da ich sehr viele dieser Pakete in meinen Rucksack mitschleppte und schließlich fast jedes Organ davon betroffen war und ich mir erst sehr viel später die Frage und Antwortspiele selber, stellte, war ich zur Wahrheit über mein SEIN gekommen.

VERTRAUEN

Die ersten 2 Jahre in Wien, verbrachte ich damit, mich selbst zu heilen. Ich machte mir jeden Tag eine REIKI Behandlung legte mir die Hände selbst auf, und fragte mein ANGELLIGHT, was soll ich heute noch tun, die Antwort war immer die gleiche "MACH WEITER" Meine Engel waren stets um mich, wenn ich Sie darum bat, mir doch zu sagen, wie kann ich die Schmerzen und die Angst los werden, die mich tagtäglich plagte. Mein Heilengel Raphael, versorgte mich mit seinem grünen Heillicht.

Erich mit weiteren Fernbehandlungen, doch die schmerzen waren oft sehr verstärkt da, Angst vor dem Alleinsein, Angst das mir das Geld ausging, Angst um meine Kinder, die mich ja dringend brauchten, Angst das ich meinen Weg nicht gehen konnte. Lähmungserscheinungen im rechten Fuß.

Die Angst schnürte mir die Kehle zu, Kehlkopfentzündung war die Folge.

Eines Tages erkannte ich, das mir Geld nicht mehr so wichtig war, ich lenkte meine Aufmerksamkeit mehr den schönen Dingen des Alltags, Spaziergänge in der freien Natur, Stille und Ruhe in der Meditation. Doch mein unbewusster Verstand signalisierte mir, Du brauchst Geld und Macht um zu existieren, sonst bist Du ein NIEMAND.

Da ich seit Kindesbeinen sehr selbstständig erzogen worden bin, viel mehr ich habe mich dazu SELBST erzogen, da ich sehr viel alleine war konnte ich tief in meinen innersten erkennen, das ich in Wahrheit nicht alleine leben konnte. Panikattacken gehörten zu meinen Alltag, um diese zu bekämpfen, um frei zu sein, steigerte ich meine Reiki Behandlungen 2mal am Tag, Angellight war mir so nah, doch dunkle Nebelschwaden verdeckten mir die Sicht auf mein Licht. Ich fragte meine Engel und die Antwort war immer die gleiche: "MACH WEITER" der Weg nach Hause ist dir ganz nah.

An diesen Punkt angelangt, fand ich einen Teil meiner Freiheit, es zu akzeptieren dass ich mich in meiner Selbstheilung befand. Ich konnte sehr dankbar dafür sein, dass ich in der glücklichen Lage war, nicht täglich in die Arbeit zu müssen. So konnte ich mich meiner Selbstheilung mehr widmen.

Ich gestattet mir jeden Tag, mein inneres Kind zu fragen, was wollen wir heute unternehmen, schwimmen, tanzen, malen, singen oder schreiben. Mein Herz hüpfte vor Freude, den ich konnte mich ganz mir SELBST widmen, und dafür war ich dankbar, wenn nicht da die Einsamkeit gewesen wäre, die Angst alleine zu sein, und doch Frei von allen Alltagsbelastungen.

Es fehlte an Zweisamkeit, Ansprache und körperlicher Nähe eines geliebten Menschen, doch mir wurde bewusst, dass ich ja vorgezogen habe, nach der Trennung eine Weile alleine zu leben.

Gedanken sind schnell gedacht, aber doch nicht bewusst gemacht. Ich hatte ja nicht, die Zeit dazu gedacht und es auch nie ausgesprochen, auf wie lange.

Diese Selbsterkenntnis brachte mich wieder ein Stück weiter, auf meinen lichtvollen Weg. In meinen Meditationen sah ich immer wieder, Frauengesichter, ältere und jüngere konnte aber wenig damit anfangen. So stellte ich sie in mein inneres Archiv, um später wenn sich etwas ergab, tiefer zu ergründen, was es auf sich hatte.

Ich war dankbar, für alles Gute in meinen Leben, aber auch für die Lernaufgaben die ich zu bewältigen hatte. Eifersucht war auch so ein Kapitel, das mich manchmal sehr plagte, Angst machte sich immer breit, wenn eine andere Frau in meinen Beziehungen, nett zu mir war, doch ein gewisses Maß an Arroganz an den Tag legte, und sich an meinen Partner heranmachte, da sah ich rot. Ich war ein gebranntes Kind, und dieses schürt das Feuer nicht, dachte ich in meine Gedanken.

Tief in mir, stieg die Eifersucht hoch, mein Herz begann wie verrückt zu pumpen, aber ähnlich eines Herzinfarktes, Herzrhythmusstörungen waren die Folgen. Plötzlich kam mein Archiv zum Vorschein, all diese Frauengesichter, haben mit der Eifersucht, etwas zu tun, also ging ich in die Meditation, und kam zu dem bewussten Gedanken, ich hatte einen Mangel an Selbstliebe. Wie konnte ich da, die Liebe an andere weitergeben, wenn ich meinen Körper nicht mag.

Daher war ich ständig eifersüchtig, auf die Frauen, die sich meinen Beziehungen näherten, doch später fand ich heraus, dass unsere Generation von Mütterlicher Seite ein Karma und Ahnenproblem mit sich trägt.

Die Angst schnürte mir die Kehle zu, Kehlkopfentzündung war die Folge. Also musste ich wieder Antibiotika zu mir nehmen, und einige Tage im Bett verbringen, dies war immer ein Ruhepool für mich, an mir zu arbeiten, in aller Stille mich voll und ganz auf mich zu konzentrieren. Was sagt mir diese Kehlkopfentzündung, mir steckt was im Hals, es kratzt und ich unterdrücke es.

Bilder und Visionen kamen hoch, doch es war schwer die zu deuten. Ich, und Erich versuchten diese Bilder irgendwie zu entziffern, lange Telefongespräche folgten, wir waren unsere eigenen Telefonseelsorger.

"RAT VON HERZ ZU HERZ" könnte man es nennen. Dafür war ich sehr dankbar, dass mir Gott diesen Menschen an die Seite gestellt hat, meine WERTSCHÄTZUNG lernte ich dadurch kennen.

Jetzt wusste ich auch, was WERTSCHÄTZUNG ist, denn im Alltag wird ein anderer Mensch dir bereits nach vielen Jahren zur Gewohnheit, und alles ist selbstverständlich im Leben, ohne das Du Dir einmal Gedanken darüber machst. wie WERTVOLL dieser Mensch in Wirklichkeit ist.

Von diesen Tag an, empfand ich so viel Freude, Glückseligkeit und Wärme in meinen Herzen, Anerkennung und Liebe für alles , was ich an Hand meiner Lebenserfahrungen dargeboten bekam, dafür möchte ich dieses jetzt mit einem Wegweiser als Dank zum Ausdruck bringen.

Ich weiß, nun das dieses Buch viele Menschen begeistern wird, die sich Gedanken machen, Ihren Weg nach Hause zu gehen. Dies ist ein Teil meiner Mission, die ich hier auf Erden zu erfüllen habe, die Herzen der Menschen zu öffnen, mit Liebe und Güte. Ihnen zu zeigen, und zu lehren, wie es sich anfüllt aus dem Herzen raus zu leben, und nicht aus dem Verstand. Als ersters musste ich selber lernen, mich zu öffnen, dies tat aber weh, denn viele Traumas, Schocks, Emotionale Verletzungen, waren in meinen SEIN gespeichert, ich musste den Keller entrümpeln, von unten nach oben, schrittweise, STEP by STEP.

Dann konnte die MAGIE DES HERZENS beginnen, jede Situation in meinen Leben zu akzeptieren und als vollkommen hinzunehmen.

Im Jänner 2011 wurde ich dazu aufgefordert, von meinen Meistern Jesus Christus, Mutter Maria, meine täglichen Begleiter Erzengel Michael, und mein Heildoktor Erzengel Raphael , in einer Meditation des reinen Bewusstsein, kamen die Worte: FANG ENDLICH MIT DEM BUCH AN, die Zeit ist da, die Menschen brauchen neue Erkenntnisse wie man den Weg nach Hause, mit allen Hürden und Stolpersteinen dennoch lichtvoll beschreiten kann.

Ohne Angst für Konsequenzen zu haben. Manche werden vielleicht Trennungen erleben, denn das von Gott zusammengefügte, und all bestimmende Seelenpartner (Zwillingsflamme) kann nie getrennt werden, nur muss man es hier erkennen, und dazu gehört eine spirituelle Reife.

Ich sollte, dieses Buch in einer einfachen Sprache aus meinen Herzen raus schreiben, für jeden verständlich, sodass es jeder

Mensch, ob Man ob Frau oder Kind verstehen kann.

Ich war einverstanden, und teilte dies Erich mit, na endlich war sein Kommentar, Fang endlich an damit, jetzt wusste ich genau, es war der richtige Zeitpunkt dafür. Und so nahm es einen Anfang, indem ich nach meiner morgendlichen Meditation, mich dann in meiner inneren Mitte sammelte, meine Meister einlud, wieder ein Kapitel aus meinen Herzen, und Lebenserfahrungen niederzuschreiben, es war immer perfekt die Tageszeit, um die durchgegebenen Informationen an den Tagesablauf anzugleichen was ich gerade durchmachte.

Als ich mir mehrmals die angefangen Kapitel durchgelesen habe, wurde mir bewusst, dass ich jeden einzelnen Prozess in diesen Buch auch wirklich, durchgemacht habe um in hier zum Ausdruck zu bringen, und die Wahrheiten zu sehen, die hinter Fassaden des eigenen ICH,S standen.

Es gelang mir, zahlreiche Glaubenssätze, Muster, aufzulösen. Es war nicht immer eine einfache und angenehme Erfahrung, teilweise sehr schmerzvoll, da mein Körper immer mein Schmerzzentrum war.
Andere Menschen reagieren, vielleicht auf eine andere Weise, mehr Emotional, oder einfach Passiv.

Am meisten schockierte mich, die Wahrheit und die Fehler meines ICH, S zu sehen, die taten mir sehr weh. Es half aber alles nichts, da musste ich durch, Allerdings überwiegt die Ermächtigung, die mit der Anerkennung der Wahrheit einher geht, bei weitem als die Seitenhiebe die wir von unseren EGO erlangen.

Ich arbeitet jeden Tag mit Reiki - Christuskraft, ätherischen Ölen, Selbstrückführungen und der Violetten Flamme, meinen Engel, und nahm mir meinen Erzengel Micheal als Beschützer hin zu.
Weiteres rief ich meine ICH BIN-Gegenwart auf hüllte mich in einen goldenen Lichtkreis, oder goldene Pyramide als Schutz. Dies gab mir die Sicherheit in meinen Meditationen, stets gut beschützt zu sein, um die göttlichen Botschaften auch wahrheitsgetreu zu empfangen. Da wir als Lichtarbeiter, sehr

sensitive Energien haben, für die ich meinen ANGELLIGHT natürlich danke, den es sind die Werkzeuge die wir in uns tragen.

Die von unserem Unterbewusstsein kommen, nur wir müssen es sich erst mal BEWUSST machen. Diese Werkzeuge und wundervollen Instrumente, waren die hilfreichsten in den letzen 2 Jahren.

Diese Übungen machte ich eingeflochten in meine Meditation, außerdem wenn ich mir mehr Zeit für mich, nahm, verbrachte ich die Zeit, einfach die Gedanken auszuschalten und zu warten was kommt.

Dies hat mich in meinen Herzen oft beruhigt, und mir innere Sicherheit gegeben, ich fühlte mich zentriert und in meiner innere Mitte, an jenem Ort der Herzensliebe, wo Frieden, Harmonie und Freude ich empfand. Einfach bei mir SELBST. Das war Heilung für mich.

Ich kann nur jeden den guten Ratschlag geben, jeden Tag mit einem Gebet und einer Meditation zu beginnen. So habe ich den Eindruck, dass jeder Tag mit einer Leichtigkeit und Fröhlichkeit beginnt, alles einfach locker, dahinfließt und die Energien einfach positiv in mir sind.

Verbinden sie diese Wegweiser in diesem Buch, mit Ihrem Alltag, und ich versichere Ihnen sie kommen in Ihre SELBSTHEILUNG, und eine gewaltige Wendung in eine äußerst positive Richtung wird sich auf tun!

Für diejenigen, die diese Bücher erwerben möchten, die mir am meisten geholfen haben, habe ich sie hier aufgelistet. Seelenwege (Brian L.Weiss) Verlag Allegria, Bring Licht in die Welt, (Neale Donald Walsch), Gespräche mit Gott, Verlag Mosaik, Heilung mit Kraft der Engel, (Jana Haas), Verlag Knauer, Das Geheimnis der Rückführungen,(Walter,A,Posch) Verlag Artha, Die Violette Flamme, St.Germain, Verlag Silberschnur, Karma Auflösungen, Clearing, (Dorenn Virtue), LICHT, Heilung durch Gott, Jahn.J.Kassl, Verlag (Smaragd) Erzengel Raphael, Der heilende Engel an deiner Seite, Doreen Virtue, Die Bucht am Ende der Welt, Sergio

Bambarren, Verlag Piper Boulvarden, Von ganzen Herzen lieben, Chuck Spezzano Verlag Heyne.

Viele Bücher die ich hier aus meinen spirituellen Bücherschrank gelesen und verarbeitet habe, kann man gar nicht hier einflechten, die mir Hilfestellungen in meiner Prozessarbeit gaben, sind wundervolle Werke die zur Bewusstseins Findung und spirituelle Hilfen sich zu orientieren, immer zum richtigen Zeitpunkt griffbereit waren. Dafür danke ich dem Schöpfer,

Sämtliche Informationen die ich hier mit Ihnen teile, bitte ich Sie von Ihrem eigenen Urteilsvermögen aus zu gehen, sich das heraus zu filtern, was für sie stimmig und sich einfach GUT anfühlt, wenden Sie es an, oder wenn der Zeitpunkt noch nicht da ist, einfach später!

Ich würde Ihnen weiteres empfehlen, lassen sie einfach Ihr Herz entscheiden und Ihre Seele sprechen, ob diese Informationen für Sie gut sind, sich richtig und stimmig anhören. Vielleicht sehen sie ja, auch eine Art Seelenreise darin, dass der eine oder andere Teil Ihnen oder Ihrer Familie helfen kann.

Dieser einfache Wegweiser der einfachen Wahrheiten können Ihr Leben verändern, wenn Sie den Prozess zu lassen, bereit dazu sind diesen Weg nach Hause zu Ihrem ICH BIN zu gehen. Jeder Mensch wird in der neuen Zeit und auf unserer schöpferischen Welt Veränderungen entgegen sehen, da in der kommenden Zeit nur die WAHRHEIT bestehen bleiben wird.

Ich halte Workshops, Seminare zu diesem Buch, um den Leuten die einfachste Technik der Selbstheilung in ihrem täglichen Leben anwenden und einfließen zu lassen.

Für nähere Informationen schreiben sie bitte an:
oneangel@live.de

DANKSAGUNGEN:

Ich danke der mächtigen Christuskraft ICH BIN, Jesus Christus, Mutter Maria, meinen Engeln Erzengel Michael und meinen Himmelsdoktor Erzengel Raphael für die göttliche Führung in meinen Leben, und all den Meistern des Lichts ewig dafür, dass sie mir in dieser Zeit der Herausforderungen den neun Weg nach Hause beigestanden haben. Ich möchte mich auch bei Erich, meinen Seelenverwandten auf das aller herzlichste bedanken, dass er mir den Mut und die Kraft gegeben hat, mich angefeuert hat, durchzuhalten ,sowie bei meinen 3 Kindern für die unaufhörliche Liebe und Unterstützung während meines schwierigen Prozesses .

ICH möchte auch meinen wunderbaren Eltern für ihre unablässige Liebe und vor allem meinen OPA der mit 91 Jahren mein großes Vorbild hier auf Erden ist meinen innigsten Dank für seine Unterstützung aussprechen. Meiner im Himmel verweilenden Ersatzmama OMA die am 28.12.2006 von uns gegangen ist, habe ich sehr viel zu verdanken. Sie war für mich ein Erdenengel.

Danksagung ebenfalls an meinen verstorbenen Vater, PETER der mich seit meiner Geburt beschützte und durch meine Jenseitskontakte immer wieder bestärkte, meinen Weg zu gehen.

Ich danke allen dafür, dass sie so verständnisvoll waren und mir immer geholfen haben und dass sie losgelassen und gestattet haben, dass wir von GOTT geführt werden. Ich schätze, sie alle und bin für alles dankbar was sie mir beigebracht haben, und ich lernen durfte und jetzt hier weitergeben darf.

Ich möchte auch meiner lieben Freundinn Friederike, die mich immer bestärkte wie wunderbar ich alle Prozesse durchgehe, und auch zugleich als MENTOR für sie fungiere. Ich danke, dass sie immer für mich da war, in allen Situationen des Prozesses.

Weiteres möchte ich meiner lieben Freundinn Ilse, meine

Wertschätzung und Danksagung aussprechen, die vielen wertvollen Tage und Nächte die wir mit Prozessarbeit gegenseitig verbrachten, und uns Halt und Sicherheit gaben, wenn der Weg zu steinig wurde. Meinen lieben Seelenverwandten und wahren Freund Erich, danke ich ganz besonders für jegliche Unterstützung, vor allem seine überaus kreativen Cover Gestaltung, Webgestaltungen, für dieses Buch, sowie Anerkennung und Dank das er immer für mich da ist, wenn ich einen Freund brauchte, und für all den Spaß den wir gemeinsam haben, für seine Heiltätigkeit als Schamane, die mir sehr geholfen haben, Gesundheit zu erlangen, und mir immer mit seiner Anwesenheit das Gefühl gab, bei allen den schwierigen Steinen die ich aus dem Weg räumen musste einen Freund zu haben, der mich des Weges begleitet. DANKE! Er zählt zu meinen besten Freunden, der mir mit unaufhörlicher Unterstützung und Liebe geholfen hat, dieses Arbeit zu tun, und dafür das er auf so wunderbare weiße mein Spiegelbild ist.

Gott ist so gut, das ich mich bedanke, für all die Augenblicke die ich durch die göttliche Führung erlebt habe, und noch immer erleben darf, auch wenn ich manchmal zweifele an Dingen die nicht vorhersehbar waren, Weiß ich heute im HIER u JETZT es ist die Geduld, die mich Zweifeln lässt. Das ist eine Probe, der göttlichen Führung immer im Leben Geduld zu haben, weil wir meiner Ansicht immer zu ungeduldig sind, dies ist in meinen Leben eine wichtige LEKTION jetzt.

Ich möchte Euch allen nochmals herzlich danken.

SELBSTLIEBE

Die leichtesten Schritte zur Selbstliebe, sind einfach und simple, wir gehen einfach den Weg unseres inneren Kindes, der Seele, der Quelle des Höchsten SEINS. Unser Licht.

WER BIN ICH?

Das Licht, das in uns leuchtet von dunklen Schatten verdeckt, können wir mit unserer Selbstliebe zum Leuchten bringen. Mit liebevollen Gedanken, Gebeten, Affirmationen, lassen wir uns jeden Tag aufs Neue erstrahlen. Wir gehen nach Hause, zu unserem Ursprung zurück, leider ist es nicht immer einfach, dass EGO auszuschalten und den Verstand ruhen zu lassen. Das Herz zu öffnen und das Licht zu empfangen.

Dies Bedarf, einen Prozess der innerlichen Meisterschaft den alle Menschen früher oder später antreten, müssen, es Bedarf der Erneuerung unseres wahren ICH BIN.

Den Blick auf unser Innerstes gerichtet, alles anzuerkennen und annehmen so wie es gerade ist.

Ich begann an mir jeden Tag zu arbeiten, zunächst dachte ich, muss ich meinen Körper mehr erforschen. Es gab etwas in mir, dass mir den Befehl gab, du bist noch nicht vollkommen.

Bei Betrachtung meines Spiegelbildes fand ich heraus, mein Körper hat Mangel an Proportionen, die könnten etwas Größer oder fester sein.

Jeder Mensch hat einen Mangel, dieser entsteht durch Minderwertigkeitskomplexe, Persönlichkeitsstörungen aus der Kindheit, sowie keine Wertschätzung von außen. Unsere Gefühle, werden verletzt, emotional durch Worte werden wir in unserem innersten schwer getroffen. Oft bekommen wir das gar nicht mit, es genügt oft nur ein verbaler Wortwechsel, dass unser Unterbewusstsein schon sehr lange vorher gespeichert hat und in unserem Herzen entstanden Narben. Seelische, psychische, emotionale, körperliche Beschwerden kommen ans Tageslicht. Doch wir wissen nicht, wo wir anfangen zu suchen, meistens immer im außen. Doch das Licht ist uns so nah, doch wir begreifen es nicht.

Wir lassen, uns von unserem Umfeld, Freunden, Verwandten, Partnern unbewusst manipulieren auf unserer Gefühlsebene, dadurch entsteht ein Mangel und keine Fülle.
Die innere Mitte geht uns verloren, die Suche nach dem Licht, beginnt in uns SELBST. Durch diesen Mangel geben wir, den

anderen die Schuld, Schuld an allem sind wir SELBST.

Wenn Sie Ihr Spiegelbild betrachten, und dieses Buch lesen, erkennen sie früher oder später, den Schlüssel der aus ihnen den Meister werden lässt, von dem Sie schon längst vergessen haben das Sie der Meister sind!

Selbstliebe ist ein Wort, das viele Menschen nicht ganz verstehen. Aus meiner Selbstliebe heraus, kann ich den anderen mehr LIEBE und LICHT geben, sie so zu erkennen wie Sie in Wahrheit wirklich sind. Die Verantwortung für mein Leben zu übernehmen, meinen Körper, mein TUN in meinen SEIN.

Am Anfang meiner Lichtarbeit, wusste ich nicht ganz, wie ich damit umgehen soll. SELBSTLIEBE !

Alles, was ich in meinen Leben bis jetzt getan habe, habe ich mir SELBST erschaffen, dies zu erkennen, bewusst zu machen, war ein Schritt vorwärts. Kein anderer war schuld, nur ich SELBST.

Akzeptieren Sie die Wahrheit, und machen sie es sich BEWUSST, dass Sie alles was geschieht von Anfang bis zum Ende, alleine erschaffen haben. Wenn Sie in ihrem Leben Mangel, Neid, Eifersucht, Hass erschaffen haben, durch ihre Gedanken, ziehen sie solches auch an.

Viele Menschen, fragen sich SELBST, wieso ziehe ich immer denselben Partner an, weshalb bekomme ich keinen Job, der mich in meinen innersten erfüllt. Der Mangel ist unsere SELBSTLIEBE, nun wie komme ich zu dieser, werden sich viele von Ihnen fragen?

Hand aufs Herz, in die Meditation gehen, Gedanken ziehen lassen, wie die Wolken am Himmel, entspannen und den Herzschlag spüren, fühlen und annehmen. Jeden Körperteil im Einzelnen spüren und sich bewusst machen.

Affirmation:

ICH BIN SCHÖN, MEIN KÖRPER IST MEIN TEMPEL, ICH BIN GOTT DER IN MIR WOHNT, ICH BIN DAS LICHT.

In jeden Augenblick, wurde der Gedanke durch diese Affirmationen, jedes Wort und jede Tat von Ihnen Selbst erschaffen, Sie sind Ihr eigener GOTT, sie erstrahlen im Licht und senden es von innen nach außen. Ihre Augen funkeln wie Sterne, der Lichterglanz Ihrer Seele spiegelt sich in Ihren Augen.

DIE AUGEN SIND DAS SPIEGELBILD DER SEELE!

Wenn Sie diese LIEBE aus ihrem Herzen aussenden, raten Sie mal, sie bekommen mehr LIEBE zurück.

Senden Sie Mangel, Selbstwertgefühle, Neid, Eifersucht und negative Gedanken, erhalten Sie diese wieder zurück. Spiegelgesetz. Liebevolle Gedanken aus unserem geöffneten Herzen, bringt mehr Licht und Liebe in diese Welt.

Beobachten Sie in diesem Augenblick Ihre Gedanken, Worte und Taten, Wenn Sie liebevolle Gedanken, haben wird ihr Herz vor Freude lachen, und die Liebe können Sie als WÄRME spüren. Es ist als wenn Sie einen Feuer Vulkan in sich tragen, schubweise steigt das Gefühl von wohltuender Wärme in ihnen auf.

Es macht sich in Ihrem Körper breit, und die Liebe kann sich weiter entfalten, Zelle für Zelle, in jedes Organ fliest die Wärme des LICHTS. Senden Sie Neid, Eifersucht, Zorn aus Angst der Verzweiflung aus, wird auch dies wieder zu Ihnen zu rückkehren.

Wir sind der Schöpfer von Worten und Gedanken, die Ursache und die Wirkung dieser, haben wir SELBST zu tragen, dadurch entstehen SELBSTWERTGEFÜHLE. Unser Umfeld, jene Welt der Reichen und Schönen, Werbung und Macht, Materialismus und Habgier werden uns wiedergespiegelt, da wir in jeden Augenblick die Schöpfer sind. Vergessen sie das Bitte nicht!

In meinen Meditationen, gelangte ich an einen Punkt, durch meine Selbstheilungstechniken mit REIKI u ätherischen Ölen, durch Hand auf legen, meinen Körper zu erforschen. Ich wusste, gar nicht wie schön und gefühlvolle zarte Streichelbewegungen, diese wohltuende Wärme aufsteigen ließ. Etwas in mir, erkannte diese Gefühle kamen aus meinen Herzen, und erinnerten mich an mein Babyalter.

Doch dies war ja nicht, so rosig und schön, schwere Zeiten aus Erzählungen meines Großvaters hatte ich durchgemacht, war stets alleine und auf mich SELBST gestellt. Es wurde mir Bewusst, dass ich dieses Anerkenne und akzeptiere, so wie es damals war, die Angst zu erkennen vor dem Alleinsein und Sie ins Licht zu transformieren.

Nun wie ging das, dachte ich bei mir, Ich reibe, meine Handflächen aneinander, und lass Energie entstehen. Langsam streiche ich mit den Handflächen, über meinen Körper, prickelnde Wärme steigt auf, mein Herz öffnet sich, und mein ANGELLIGHT sehe ich.

Dieses können Lichtblitze, Formen, verschiedene Farben sein, somit haben Sie Ihre Lichtseite des SEINS erkannt, kommen dunkle oder graue oder nebelverzehrte Farben oder Formen, so ist das Ihre Schattenseite, und dort muss mehr LICHT hin, so entsteht in jedem Augenblick, mehr und mehr Licht in innen und ihre SELBSTLIEBE wächst. Vergessen Sie bitte nicht Sie sind der Schöpfer!
Selbstheilung entsteht, durch Ihre Gedanken und Taten, sich jeden Tag etwas GUTES zu TUN. Übernehmen Sie wieder die Verantwortung und folgen Sie Ihrer Macht der Einheit Ihres Herzens und Ihrer Liebe, einfach zu sich zu stehen, und werden Sie zu dem Meister der Sie schon sind!

Jede Frau, jeder Mann und jedes Kind, kann die Verantwortung für sich Selbst übernehmen, so können wir die Welt in jenes Paradies verwandeln deren Schöpfer wir sind, und in früheren Zeiten auch waren.

Dies ist alles möglich, meine Lieben, wenn jeder Einzelne von uns seine Rolle im Leben SELBST übernimmt.
So bringen wir Licht in die Welt, und erschaffen uns Neu.
Keine Abhängigkeit mehr, die uns auffrisst, früher oder später, kehren wir Ihr den Rücken. Sehen uns in der Opferhaltung, und brechen aus.

"TUN" ist eine Funktion des Körpers
"SEIN" ist eine Funktion der Seele

TUN	SEIN
Dieses Buch lesen	Weisheit, Klarheit, Verständnis
Einkaufen gehen	Ernährung, Versorgung, Hunger

Diesen Zustand sollte jeder Mensch erkennen, wo er sich gerade befindet, ob Mangel oder Fülle.

Der große Aspekt der Liebe ist die Selbstliebe, sie heilt uns, wenn wir in die Resonanz mit der Selbstliebe gehen. Es ist sehr hilfreich für mich gewesen wenn ich spürte, das ich traurig, einsam, emotionale schmerzen sich bemerkbar machten, einfach in den Meditationen durch diese Streicheleinheiten und einer Umarmung sich einfach fest SELBST in den Arm halten und lieben. So entstand das Gefühl, der Nähe und Geborgenheit der Liebe, die GOTT uns jeden Tag schenkt, die schon aus Vergangenheiten und früheren Leben in uns war.

Geben Sie alles was Sie Selbst lernen, an Freunde, Bekannte und Partner weiter, es soll sich wie ein Lauffeuer verbreiten, Sehen sie zu wie sich das Licht verbreitet, und Ihre Umgebung immer lichtvoller wird.

Das Licht kann von jeden Menschen angenommen werden, wenn man seinen freien Willen nicht bricht. Die Erde erstrahlt dadurch immer mehr, und die Menschen erfahren wie der Weg nach Hause anbricht.
Die Christuskraft wird in jedem von uns erweckt, dadurch erfahren wir , was schon lange in uns steckt, und von Geburt an in uns enthalten ist.

Schreitet mit Mut und Stärke voran, Ihr Lichtarbeiter geht in die Welt hinaus, marschiert siegessicher mit Euerer Selbstliebe im Herzen voran.

Jesus ich Vertraue Dir!

Jeder ist sein eigener Jesus in seinen Herzen drin. Fürchtet Euch nicht, ICH BIN bei Euch!

Vertraut Euerer SELBSTLIEBE, gebt Sie weiter, sodass die Herzen erstrahlen.

Je mehr Sie Vertrauen, und diesen Wegweiser der Wahrheit über ihr eigenes ICH BIN kennen, umso mehr werden sie verstehen, dass es in Wahrhaftigkeit keine Trauer, Leid und Verzweiflung auf dieser Erde gibt.

Wenn jeder Mensch die Verantwortung für sein TUN, selber übernimmt, seine Handlungen, Taten, Gedanken und Worte. Vorerst brauchen wir unsere SELBSTLIEBE!

MEDIDATION: HERZEN ÖFFNEN

Setzte Dich in Ruhe auf einen Stuhl, nimm Dir 20 Minuten Zeit und entspanne.

Schließe deine Augen und atme 3mal kräftig ein und aus. Beobachte deinen Atem, und lass einfach die Gedanken wie Wolken vorbeiziehen.

Nimm die Geräusche war in deiner Umgebung, beziehe sie einfach mit ein, dein Atem wird ruhiger und ruhiger.

Stell Dir eine wunderschöne Lotusblüte vor, darin befindet sich eine kleine Knospe.

Mit jedem Atemzug öffnet sich die Knospe, Blatt für Blatt, öffnet
sich dein Herz.

Du kannst die Blätter erkennen, und den wunderschönen Lichtstrahl in der Mitte.

Atme ruhig weiter, atme in dein Herz, nun ist die Lotusblüte ganz offen, du bist
ganz entspannt, aus der Knospe ist eine wunderschöne Blüte geworden, der Lichtstrahl in der Mitte reicht bis zum Himmel.

Das ist deine Herzenergie. Behüte Sie und flute sie mit weißgoldenem Licht.

Mit jeder Zelle deiner Organe läßt Du Licht in deinen gesamten Körper fließen, auf allen Ebenen deines SEINS. Spüre die Wärme in Dir.

Du bist tief mit deiner Seele jetzt verbunden, lass alles Geschehen, was jetzt zu Dir kommen mag. Dein Unterbewusstsein, die höchste Quelle reinen Licht und Liebe zeigt Dir vielleicht in Farben, Formen, Zahlen oder Bildern dein wahres SEIN.

Nimm es an, das Licht das in Dir leuchtet, es ist der erste Schritt in Richtung deiner Heimat. ICH BIN!

Angst macht sich breit, zu sehen was wirklich dahinter steckt, erkenne Sie und akzeptiere Sie.

Die Bilder oder Visionen in deiner Meditation, zeigen Dir, deine Schattenseiten hell oder dunkel, oder oft gar nichts. Dann ist ein Heilungsprozess im Gange, bleib ruhig in deiner Mitte, atme langsam entspannt weiter, so gibst DU deinen Körper, Geist und Seele Licht und Liebe.

Du kannst deinen Schutzengel, dazu bitten wenn DU willst, oder einen aufgestiegenen Meister, kannst in deine Probleme und Sorgen anvertrauen. Gib ihm deine Hand und habe keine Angst davor.
Vielleicht hat er auch ein Geschenk am Ende der Meditation für Dich. Nimm es dankbar an, verabschiede Dich von Ihm und kehre langsam wieder zurück. Ins Hier und Jetzt.

Diese kleine Meditation soll der Wegweiser, zu Dir nach Hause SEIN. Leicht erlernbar für jeden! So kommst Du an dein Ziel, vorbereitet auf die neue Zeit, um Wahrheit zu erkennen, die von deinem innersten nach außen geht. Deine Seele erstrahlt im Licht, Gott begleitet Dich.

Nun sind wir an ein Kapitel angelangt, dass wahrlich sehr schwierig in der heutigen Zeit ist. Unsere Selbstliebe anzuerkennen, daraus zu schöpfen, die Herzensenergie.

Wenn Du willst, nimm Dir einen Zettel und Bleistift zur Hand, und setze Dich an einen stillen Ort, deiner Wahl, atme 3mal tief durch, und schreibe in ein paar Minuten alle Dinge die Dir über Dich einfallen, auf wie Du Dich selber siehst.

Hast Du dieses getan, schreibe Dir wieder in paar Minuten alle Dinge auf, die Du an Dir persönlich nicht magst. Mache eine Bestandsaufnahme über deine eigene Person.

Der erste Gedanke, der intuitiv zu Dir kommt, ist der Impuls deiner Seele. Alle weiteren Gedanken sind Überläufer deines EGO-S, der Hausverstand.

Selbstliebe ist das Erkenntnis, bestehend aus Freude, Dankbarkeit, Wertschätzung, Inneres Kind, Akzeptanz, Liebe, Glückseligkeit, Harmonie und innerer Frieden.

All diese mächtigen Werkzeuge tragen wir in uns. Sie streben in der neuen Zeit, nach mehr Impulsen, sich zu öffnen und die ICH BIN - Christuskraft in uns zu wecken.

Die Kraft der Liebe, bewirkt in uns, durch Selbstliebe und Akzeptanz die Türen zu öffnen, für einen neuen Weg, habe ich mir das bewusst gemacht, kann ich mit der Prozessarbeit beginnen.

Vor allem ist eines wichtig: VERTRAUE DIR SELBST!

Ich habe in meiner schwierigen Prozessarbeit, begonnen mir SELBST zu vertrauen, als ich eines Tages in eine Kirche kam, wo vor dem Altar ein wunderschönes CHRISTUSBILD stand.

In kleinen Worten stand am Ende, des Bildes:

JESUS, ICH VERTRAUE DIR!

Diese Worte kamen mir sehr stimmig vor, doch mein Hausverstand sagte mir, Was willst Du mit den Worten, Du bist doch nicht religiös, oder gar so Gottes gläubig.

Die Meister des Lichts, Engeln, aufgestiegene Meister, Jesus Christus, Mutter Maria unterstützen uns dabei, wenn wir Sie um Hilfe bitten. Wenn wir für uns SELBST entscheiden, ohne Manipulation anderer Mächte, Menschen oder Widersacherkräften, bereit zu sein für den Weg nach Hause.

Sage einfach zu Dir: ICH BIN, ICH BIN BEREIT! ICH BIN LICHT UND LIEBE!

Diese kleine Übung dient dazu die SELBSTLIEBE zu stärken:

ICH BIN WAHRHAFTIG IN MEINER PRÄSENZ GÖTTLICH
ICH BIN WAHRHAFTIG IN MEINER PRÄZENZ MIR VIEL
WERT
ICH BIN WAHRHAFTIG IN MEINER PRÄSENZ REINE LIEBE
ICH BIN WAHRHAFTIG IN MEINER PRÄSENZ REINES
LICHT
ICH BIN WAHRHAFTIG IN MEINER PRÄSENZ FREUDE,

ICH BIN MEISTER,DER SELBSTLIEBE,SOWOHL AUCH
MEISTER ÜBER MEINEN KÖRPER, GEIST UND SEELE.
AKZEPTIERE DEINEN KÖRPER SO WIE ER IST, SO WIRD
DEIN GEIST FREI UND DIE SEELE ERSTRAHLT IN
VOLLEN LICHTERGLANZ. DIESES ERKENNT MAN IN
DEINEN AUGEN, DAS SPIEGELBILD DER SEELE.

DEINE AURA KANN SICH ENTFALTEN UND DEIN LICHT
LEUCHTET DEN ANDEREN MENSCHEN DIE DIR IM
ALLTAG BEGEGNEN AUF EINE ANGENEHME WEISE
ENTGEGEN. SO KANNST DU DURCH DEINE
SELBSTLIEBE, DEN ANDEREN MEHR LIEBE ENTGEGEN
BRINGEN, SIE BESTÄRKEN UND VIELLEICHT EIN STÜCK
IHRES WEGES FÜHREN.

ZUR SELBSTLIEBE ZÄHLT ABER AUCH, SICH ZURÜCK
ZUZIEHEN, ABGRENZEN, ZU LERNEN "NEIN" ZU SAGEN.
SICH EINFACH AUF SEIN INNERES KIND VERLASSEN
KÖNNEN, IM ZU VETRAUEN, DIE INNERE STIMME
WAHRNEHMEN, UM DAS ZU TUN WAS WIR SELBER
WOLLEN UND NICHT DAS WAS DIE ANDEREN VON UNS
WOLLEN.

WENN WIR DAS ERSTEMAL BEGRIFFEN HABEN, OHNE
ANGST IRGENDJEMANDEN ZU VERLETZTEN ODER GAR
ARROGANT ODER DOMINAT, EGOISITSCH AUF ANDERE
ZU WIRKEN. HAST DU MIT DEINER STÄRKUNG DER
SELBSTLIEBE BEGONNEN.

BEREITE DICH DARAUF VOR, DASS DEIN UMFELD SEHR
VERSTÖRT REAGIEREN WIRD. DEN ALTE MUSTER DIE
DU DIR SELBST AUFERLEGT HAST, DEIN UMFELD SICH

ANGEPASST HAT, SIND IN DIR UND DEINER DNA
GESPEICHERT. DIES GILT JETZT DIESE ALTEN MUSTER
DIE NICHT MEHR GEBRAUCHT WERDEN ÜBER BORD ZU
WERFEN (LOSLASSEN) UND SIE DER VIOLETTEN
FLAMME ZU ÜBERGEBEN.

ANGST IN DIR MACHT SICH BREIT, ETWAS
LOSZULASSEN WAS JAHRELANG DIENTE,
ABHÄNGIGKEITEN, FEHLEINSCHÄTZUNGEN,
BEQUEMLICHKEITEN, UNSELBSTÄNDIGKEIT, EINFACH
NICHT DEN MUT ZU HABEN,SEINEN EIGENEN WEG ZU
GEHEN, IMMER DEN DER ANDEREN. SO WURDE UNS
DIE SELBSTLIEBE, SELBSWERTGEFÜHL, NACH UND
NACH GENOMMEN. JETZT IST ES AN DER ZEIT, DEN
MEISTERSCHAFTSWEG MIT DIR SELBST ANZUTRETEN.

DAS LICHT UND DIE LIEBE DURCH DICH IN DIE WELT ZU
BRINGEN. WIR MACHEN EIN TOR ZU, UND VIELE NEUE
TÜREN ÖFFNEN SICH DADURCH.
DIE VERFASSERIN DIESES BUCHES KANN MIT JEDER
ZEILE DIESES BUCHES UND IHREN EIGENEN KÖRPER
DAFÜR BÜRGEN DAS ES SO FUNKTIONIERT!

Wenn Du in deine alten Muster hängen geblieben bist, und
nicht weiterkommst und dich die Angst übermahnt, altes
einfach loszulassen, dann verbinde Dich mit deiner ICH BIN –
PRÄSENZ und bitte die geistige Welt, Dir zu helfen alle in der
Vergangenheit nicht mehr dienlichen Probleme loszulassen.
Du kannst auch deine Engel, Schutzengel oder SPIRITS,
aufgestiegenen Meister bitten, Dich zu unterstützen.

Sie werden es gerne tun. Am Anfang wirst Du, vielleicht nicht
gleich eine veränderte Energie wahrnehmen, oder Du siehst
einen Lichtschein, Formen oder Farben, dass ist die
Anwesenheit der geistigen Welt. Du bist der Meister, der jetzt
bereits ist loszulassen, sich SELBST zu vergeben, das Du
alles zu gelassen hast, auf allen Ebenen in deinem früheren
Leben, Inkarnationen, sowie jetzigen Leben.

Wenn Sie diese Verantwortung übernehmen für sich SELBST,
mit allen Konsequenzen die sich daraus ergeben, sind Sie der
erste Mensch der sich selbst vergibt, das ist das wichtigste in

Ihrem Leben. Denn so können Sie, auch den anderen vergeben, Eltern, Geschwister, Freunden, Partner, alle Menschen die Ihnen etwas angetan haben unwissentlich oder wissentlich.
Verantwortung in unserem Leben SELBST zu tragen, beinhaltet viele Aspekte, die wir in der heutigen Gesellschaftsform bereits vergessen haben. RESPEKT, WERTSCHÄTZUNG, REINE LIEBE !

WAS DU GESÄT HAST, ERNTEST DU!

1 Schritt: Stärke deine Selbstliebe- Selbstwertgefühl

2 Schritt: Vergebung Dir Selbst gegenüber - dann denn Anderen

3 Schritt: Loslassen alter Muster, alles das Dich in deiner Lebensaufgabe behindert und nicht mehr dienlich ist. Energien die einfach nicht mehr passen.

Loslassen ist nicht gleich loslassen, wenn ich die Energie auf die Aufmerksamkeit immer wieder lenke, wird sich kein Erfolg einstellen, man zieht die alten Muster immer wieder an. Daher wunderen Sie sich nicht so sehr, wenn Sie in den Muster verhaftet bleiben, und sich körperliche Symptome mit der Zeit bemerkbar machen. Sie haben die Lektion Loslassen, Vergeben nicht richtig aus Ihrem Herzen gemacht. Weil die Angst Ihnen im Nacken oder Magen saß, Sie sich Unwohl fühlten, Magendrücken hatten, oder einfach nicht gut drauf waren, dies sind Zeichen des Körpers, dass Sie nicht dazu bereit waren, es fällt noch das Tüpfelchen auf dem I-Punkt.

Sie müssen die Themen oder Probleme, vorerst anerkennen, sich bewusst machen, einfach akzeptieren, dafür danken, das Sie daraus gelernt haben und sie dadurch wider einen Schritt weitergehen durften.

Unser Leben erschafft uns immer wieder neue Situationen, aus denen wir lernen und wachsen.

Die Seele weißt Ihnen bereits, den Weg nach Hause. Das Unterbewusstsein meldet sich in Form von Träumen,

Gedanken, Emotionen, Trauer, Schmerz und Leid, all dies
gehört dazu.
Diese Wahrheit annehmen und akzeptieren, kann für uns
SELBST sehr schmerzvoll sein, sich dem eigenen
Seelenleben zu stellen, unsere Fehler für die wir
verantwortlich sind, zu sehen, erkennen und dann kann ich
Sie transformieren.

Es wird einwenig dauern, bis sie die Verantwortung für Ihr
TUN übernehmen. Vielleicht geht es auch nur in kleinen
Schritten vorwärts und dann wieder rückwärts, doch wenn Sie
bereits den Willen gefasst haben, es zu TUN, gehen sie den
Weg vorwärts und bleiben nicht mehr stehen.

Stellen Sie Ihr LICHT nicht unter den Scheffel, zeigen Sie
Geduld, Mitgefühl und Vertrauen ihrem ICH BIN, den liebe
Lichtkinder es lohnt sich.

Wenn Sie dieses kleine Büchlein, als Wegweiser der
universellen Wahrheit in ihrem Innersten erkennen, gehen Sie
immer mehr Schritte der Freiheit zu, das EINZIGE was Sie tun
können, diesen Weg zu gehen !
Die Zeit drängt, wir Lichtarbeiter werden aufgefordert, denen
die Ihren Weg noch nicht gefunden haben, sich doch spirituell
Verändern wollen, zu Ihrem ICH BIN zu finden, mit Gottes
Hilfe, auf allen Ebenen, dieses weiterzugeben, sodass alle
Menschen, auf unseren Planeten Erde, die Herzen öffnen.
Die bedingungslose Liebe leben, in Harmonie und inneren
Frieden, mit allen Geschöpfen, der Natur, Erde, Wasser, Luft,
es aus dem Herzen sehen, liebevoll und dankbar annehmen
können, so wie Gott die Erde erschuf.

Vertraue allen was Du vor deinem inneren Auge siehst, oder
Gedanken die Dir blitzartig kommen, es sind Botschaften die
Dich in deine Selbstheilung führen und Dir deinen spirituellen
Pfad zeigen.

Nimm Sie dankbar an, damit begleitet Dich das Universum
Schritt für Schritt, immer wenn Du ein Kapitel sowie in einen
Buch abgeschlossen hast, bist Du bereit das nächste zu
öffnen.

Diese machtvollen Werkzeuge, trägst Du schon lange in Dir. Du öffnest Dich jetzt dafür! Mach von deinen Geburtsrecht gebrauch, Sie haben sich Ihre Lebensaufgabe hier auf Erden ja SELBST ausgesucht, bevor Sie noch von Ihrer Mutter empfangen wurden.

Ihr Lieben, Ihr seid beschützt auf allen Euren Wegen, wir stehen hinter Euch, auch wenn es Euch an manchen Tagen schlecht geht, Depressionen, Wut, Angst, Leere macht sich breit, nehmt Euch so an wie Ihr gerade seit, mit Liebe, Dankbarkeit, das Ihr dazu auserkoren seit, diesen Weg des Lichts zu gehen.

Eure Aufgabe hier auf Erden zu erfüllen, das Licht in die Welt zu bringen, jeden von Euch ist es SELBST bestimmt, diesen Weg auch zu gehen. Viele kehren um, entscheiden sich andersherum, lasst Sie gehen, kümmert Euch nicht darum, sie werden eines Tages eines besseren belehrt.

Es sind diejenigen die als ENERGIERÄUBER, jeden Tag unterwegs sind, man merkt es am Anfang, gar nicht, doch später ist man Müde, ohne Energie kann sich gar nicht richtig auf den Beinen halten, doch der VAMPIR hat Ihnen alles ausgesaugt, ohne das Sie es spürten.
Solchen Menschen begegnen wir jeden Tag, aber auch in kleinen Kreisen findet man Sie. Sie zählen oft zu den besten Freunden, Bekannten oder Partnern, die sich an Ihrer Lebensenergie zu schaffen machen. Da Sie nicht die Verantwortung für Ihr Leben Selbst in die Hand nehmen wollen und der andere wird immer energieloser, der Vampir energiegeladener, und das Spiel dreht sich im Kreis.

Sie sind der GEBER der andere der NEHMER und im alltäglichen Leben, wird es zur Routine, zur Selbstverständlichkeit, mit der Zeit Respektiert Sie das Gegenüber nicht mehr.

Das ist nicht das Gesetz der Gleichwertigkeit, man füllt sich als Opfer mit der Zeit. Nur erkennt man dieses nicht, da es Alltag ist. In meinen Lebenserfahrungen, war ich der GEBER, Tag für Tag bis ich es vor Jahren erkannte.

Daher beschloss ich, etwas in meinen Leben zu ändern. Aussteiger zu werden, die Freiheit zu erlangen, mich zu öffnen für das schöne im Leben, ich bat Gott um Hilfe, mich zu führen, Botschaften zu senden, meinen Weg zu finden. In das innere Gleichgewicht zu kommen, in die Resonanz der bedingungslosen Liebe zu gehen. Einfach mir SELBST am meisten Vertrauen!

Hier möchte ich Ihnen eine Variante meiner täglichen Übungen vorstellen.
Vielleicht können Sie, auch einen Nutzen davon ziehen, wenn für Sie etwas dabei ist, das Authentisch ist.

VIOLETE FLAMME

1)   Am Morgen 3mal tief ein und ausatmen, Erzengel Michael um Schutz bitten. „Erzengel Michael bitte HILF MIR, HILF   MIR, HILF MIR beschütze mich."

2)   Violette Flamme rufen. „Bitte komm zu mir. DANKE"

3)   Diese Affirmation können Sie 3mal-9mal wiederholen.

Ich bin die Violette Flamme
die JETZT in mir brennt.

Ich bin die Violette Flamme
Und beuge mich nur dem Licht.
Ich bin die Violette Flamme
In all ihrer kosmischen Kraft.

Ich bin das Licht Gottes
das ständig scheint.

Ich bin die violette Flamme
Die glüht wie die Sonne.

Ich bin Gottes heilige Kraft
die jeden befreit.

Ich, habe mir diese 3 Punkte zum Standard für jeden Tag gemacht, als ich damit angefangen habe, in meinen morgendlichen Meditationen diese zu verwenden, tat sich noch am selben Tag einiges. Wenn Sie spüren, dass Sie müde werden, oder die Energien tun Ihnen nicht gut, können Sie jederzeit die violette Flamme rufen. Sie hilft Ihnen dabei, alles zu transformieren.

Danach hüllen Sie visuell Ihren Körper in einen goldenen Kreis ein. Wer mit diesen nicht so vertraut ist, denkt sich einfach im Gedanken diesen goldenen Kreis. Schutzkreis

Erdung:

Denken Sie einfach an einen Baum, mit vielen Wurzeln, die von Ihren Hüften, Schenkeln, Knöcheln, Fußsohlen tief in Boden von Mutter Erde wachsen. Sie verwurzeln sich tief in die Erde hinein, Danken Mutter Erde, das Sie mit beiden Beinen fest verwurzelt hier stehen.

Diese kleinen Helferlein, für den Aufstieg bis 2012, soll Ihnen einen Einblick in Ihre Spiritualität gewähren, es ist nicht so schwer wenn man Disziplin und den Willen dazu hat, den Meisterschaftsweg für sich SELBST zu gehen.

Wiedergeburt - Rückführung

Was bewirken Reinkarnationstherapien?

Reinkarnationstherapien bewirken, dass Du in dein frühres Leben oder deine Kindheit, oder in den Mutterleib zurückgeführt wirst. Wo das Problem, (Themenauflösung), Krankheiten, Verhaltensmuster im Hier und Jetzt, durch Dich und die geistige Welt, gelöst und transformiert werden können.

Somit ergibt sich, im JETZT eine angenehme Lebensweise für Dich, wenn Du weißt, woher der Ursprung deiner Probleme, Krankheiten, Emotionalen Verhaltensmuster kommt.

Es werden karmische Muster, Ahnenvorgeschichten, beseitigt, gereinigt und ins Licht transformiert. Du bist dein eigener Heiler, in früheren und jetzigen Leben, daraus entsteht eine bessere Lebenssituation, wenn man weiß, dass man all die Probleme schon vorher gelebt hat.

Die Energien werden gereinigt, man fühlt sich frisch und gestärkt.

Sie werden immer nur in das Leben zurückgeführt, das JETZT zu diesem Zeitpunkt, präsent ist. Die Frage werden Sie sich sicherlich stellen, wer führt mich?

Ihr Unterbewusstsein, Ihre Seele, begleitet von Ihren Seelenheiler, (innerer Doktor), Seelenbegleiter das kann Ihr Schutzengel, Lichtgestalt oder eine Verstorbene Person sein.

Ich unterstütze, Sie dabei als Therapeutin und begleite Sie.

Was erreiche ich mit einer Rückführung?

Mit einer Rückführung kann ich fast alle psychischen, emotionalen, physischen, sowie organische Natur oder auf der emotionalen Gefühlsebene liegenden Probleme lösen.

Ich möchte stets in Erwägung ziehen, dass mit einer Rückführung, wenn man dazu bereit ist, in die Selbstheilung zu gehen und sich nicht selber in der Opferrolle gefangen hält, alles lösbar ist.

Werde ich von anderen dazu aufgefordert, eine Rückführung zu machen, bin aber SELBST nicht dazu bereit, ist es nicht möglich in die Selbstheilung zu kommen und die Probleme im Hier und Jetzt damit zu lösen.

Auch nicht als Neugierde, ach wie schön, ich schau ein bisschen in die Vergangenheit in meine früheren Leben. So funktioniert das NICHT! Man betrügt sich SELBST um den Heilungseffekt!

Unterschied karmische Muster - karmische Verbindung

Sie wundern sich vielleicht, weshalb Sie in Ihrem Leben immer wieder dieselben Dinge wiederholen oder anziehen. Kommen aber nicht darauf und vergeuden in diesem Sinne ihre Lebenszeit.

Eine Frau geht jedes Mal eine Beziehung mit einen Alkoholiker ein, es stellt sich heraus, dass dieser schwere Persönlichkeitsstörungen hat (Borderlinier), doch Sie begleitet und lebt mit Ihm, obwohl Sie am Rande der Verzweiflung getrieben wird.

Ihr Körper, Geist und Seele leiden und chronische Krankheiten stellen sich ein. Es geht soweit, dass viele Operationen über Jahre der Weg in Ihrer Beziehung ist.

Doch Sie geben nicht auf, und denken es wird besser werden, alles wird sich verändern.

Hier handelt es sich um eine karmische Beziehung-Verbindung.

In der nächsten Beziehung, erkennst Du das gleiche Muster, wirst aber noch dazu von vielen anderen Menschen manipuliert oder ausgenützt, ohne das Du es SELBST merkst, genauso kann es im Job verlaufen, ein einzelner Kollege oder mehrere.

Dann handelt es sich Hier um ein karmisches Muster das Sie bereits in einem früheren Leben erlebt und gelebt hatten.

Meine erste Rückführung hatte ich, bei meiner Reikilehrerin Sabine, das damalige Problem hatte mit meiner Mutter zu tun. Lange Jahre wurde ich verstoßen und nicht als Tochter von Ihr anerkannt.

Fast 30 Jahre hatte ich nur durch meine Grosseltern, mitbekommen wie es Ihr geht. Es zerrte sehr an meinen Nerven, emotionale Gefühle plagten mich, ich empfand tiefen Schmerz, mein Körper reagierte, auch so darauf.

Depressionen, Panikattacken, Gliederschmerzen usw. Vor 4 Jahren verließ mich meine OMA, die meine Ersatzmutter war, ich begleitet Sie am Sterbebett und gab Ihr meine Engel auf den Weg ins Licht mit.

Als ich Ihr versprochen hatte dass ich mich mit meiner Mutter aussöhnen und auf die Familie achten werde, schloss sie mit einem Lächeln die Augen.

Doch es lag eine tiefe Spannung zwischen meiner Mutter und mir, wir befanden uns auf einer Ebene von Mutter und Verwandter, nicht ein Verhältnisse Mutter/Tochter. Sie entschuldigte sich bei mir, für alle diese Jahre in denen wir keinen Kontakt hatten, wollte aber nicht darüber sprechen.

Mit der Begründung, sie kann es und will es nicht. Zuerst dachte ich bei mir OK soll so sein, aber in meinen innersten zerfraß es mich.

Es muss etwas dahinter sein, denn meine Mutter war auch sehr krank und wir hatten die gleichen Krankheiten, die ich im laufe der Jahre entwickelt hatte. Ich nahm die Sache in die Hand und beschloss für mich, aus diesen Krankheitsgeschichten meiner Mutter, Ahnen, mütterlicherseits auszusteigen. Die Ahnenlinie zu durchbrechen, alles anders zu machen.

Geburtsrückführung

Ich beschloss also eine Rückführung zu machen, wusste nicht was ich erleben werde.

Da ich keine Visionen und Bilder sehen kann, sondern alles über meine Gedanken sich abspielt, konnte ich mir nichts darunter vorstellen. Dies teilte ich auch meiner Lehrerin Sabine mit.
Bei einem kurzen Einführungsgespräch erklärte Sie, mir egal was Du siehst oder hörst, es ist dein Höheres SELBST das mit Dir in Verbindung tritt.

(Unterbewusstsein)

Ich erklärte Ihr meine Probleme und Sie, wusste sofort das es mit meiner Mutter, Ahnen zu tun hatte und schlug mir vor, in die Geburtsphase in den Mutterleib zurück zu kehren.

Ich hatte keine Ahnung, wie das funktionieren sollte und meine Angst machte sich breit. Es war ganz natürlich diese Angst, es war ja ein Teil von mir, also begab ich mich in den

Bewusstseinzustand, mit einer entspannenden geführten Meditation, Sabine leitet mich sanft, in Begleitung meiner Oma (Seelenbegleiter) in den Mutterleib zurück.

Die Angst vor der Angst, wurde größer. Natürlich wenn man Angst hat, etwas in Bilder vor sich zu sehen oder zu fühlen, das vielleicht sehr schmerzvoll ist, empfindet man Angst. Angst es wieder zu erleben, sich damit auseinander zu setzen.

Genau durch das entsteht die ANGST!

Das erlebte in einem früheren Leben oder Kindheit, wo wir schon Angst hatten nochmals revuepassieren zu lassen. Das ist unsere Angst, vor uns SELBST!

Wenn wir Sie aber akzeptieren und dabei in unsere Selbstheilung gehen, können wir damit viele Probleme im Hier und Jetzt beheben, damit unsere Lebensqualität verbessern und sogar heilen.
Wer schaut sich schon gerne seine Vergangenheit an keiner.

Viele Menschen sind psychisch krank, brauchen Therapien, leiden Jahrelang an Depressionen und brauchen viele verschiedene Medikamente. Wenn man jedoch bis zum Ursprung zurückgeht und die Wurzel ausgräbt, würden wir uns viele Jahre an Therapien und die Einnahme von Medikamenten ersparen.

Manchmal kann man mit Rückführungssitzungen, viele Probleme aufspüren, erkennen und damit lösen.

Somit bin ich meinen Herzen gefolgt, dass im Wandel der neuen Zeit, vorrangig ist. Habe mich in meinen Meditationen leiten lassen, von meinen Angellight. Die aufgestiegenen Meister, Engeln und Gott, begleiteten mich bei meiner ersten Rückführung. Denn ich Selber, hatte den Mut zum Leben verloren, gab es in die Hand von Gott und bat um Innere Führung.

Beginnt damit, dass Ihr ehrlich und aufrichtig zu Euch selber seid. Wenn Sie eine Reaktion auf etwas haben, dann soll man sich diese Reaktion, (Botschaft) an sehen, nicht ignorieren und bei Seite schieben.

Sie sollen aus dieser Reaktion lernen, bereit sein etwas zu TUN. Mit all diesen wunderbaren Werkzeugen, können wir uns Selbst heilen, es ist der Schlüssel in die Freiheit. Dieses gelingt uns nur, wenn wir es auch wirklich wollen. Das Licht in uns zum leuchten zu bringen. Wie ein Leuchtturm am Ende der Bucht.

Loslassen bedeutet, alles was nicht länger Dir und deiner Lebensaufgabe entspricht wegzugeben und loszulassen. Mutter Erde ruft zu einer Erneuerung auf, die Menschen sollen aufwachen, sich öffnen altes Muster, Beziehungen, Jobs die nicht mehr in dieses Sonnenenergiesystem passen, einfach loslassen.

Dieser Prozess ist für alle Menschen sehr schmerzhaft, Trauer, schmerz, macht sich breit. Es muss sein, wir sollen alle bis 2012 in unsere Liebe kommen. Einfach unseren Weg nach Hause antreten.

Die Herzen öffnen, die Gefühle wahrnehmen, die sich in unseren innersten abspielen, wie ein Kinofilm. Gefühle von Kindheitstagen, können uns blockieren, die wir nie verarbeitet haben. Unsere göttliche Präsenz soll uns bewusst machen, dass wir Alle eins sind, mit allen und Jeden auf dieser Welt.

Das Licht leuchtet in uns, wie eine Fackel im Sturm, Nebelschwaden um uns zeigt uns, dass wir noch ein Stück arbeitet an uns zu leisten haben.

Lassen Sie einfach die Gefühle zu, die sich jetzt breit machen, egal ob Trauer, Schmerz, emotionale Schübe, Weinkrämpfe, leichte Depression kann sich bemerkbar machen, alle diese Dinge sollen wir anschauen, erkennen und transformieren. Wir lernen dadurch mehr Selbstdisziplin, sodass wir erkennen können, dass Emotionen keinen Platz mehr haben und wir sie nicht mehr zulassen sollen.

Das Leid, den Schmerz den wir zugelassen haben, können wir uns SELBST vergeben, loslassen und transformieren. Wenn Sie sich Selbst gegenüber ehrlich sind, erkennen Sie die

WAHRHEIT. Jede Person in ihrem Leben hat Ihnen einen Spiegel vorgehalten, die Rolle Ihres Lebens zu erkennen.

Danken Sie jeden Tag, Gott dafür dass wir diese Lernprozesse und Lektionen mitmachen durften und danken sie den Personen die in Ihrem Leben diese Haupt und Nebenrollen spielen. Der Schlüssel der Auflösung finden Sie nur In sich SELBST!

Dein höheres Selbst ist sich deiner göttlichen Aufgabe bewusst, vielleicht hast Du auch Angst, es selbst zu erkennen was deine Lebensaufgabe ist oder wirst ständig blockiert und kannst keine weiteren Schritte unternehmen um weiter zu gehen. Es können Sorgen, Aktivitäten sein die auf deinem EGO basieren.

Angst alles zu verlieren, Kampf des Alleinseins. So wie Du es vielleicht schon in der Vergangenheit erlebt hast, wie ein DEJAVUI retour kommt, dann hast Du es noch nicht richtig erkannt, angenommen, losgelassen.

Wenn Du etwas los lässt und nicht fest hältst, kommt es entweder geheilt zurück, oder es hat Dir nie gehört, Dich nie geliebt, Du warst nur der Lückenbüßer, Zeitvertreib, Spielball, egal in welchen Bereichen deines Lebens. Die wahre bedienungslose Liebe war es nicht. Im Wandel der Zeit, gehen wir mit unserer Herzenergie, den richtigen Weg. Viele Dinge werden Sie erkennen, die sich mit der Zeit verabschieden, als wären Sie nie dagewesen, still und heimlich, klären sich die Fronten und das Licht zieht weiter. Versuchen Sie nicht, diesen Prozess aufzuhalten, Sie können es nicht ändern, dass Universum besteht darauf, in jeder Form, sich um sich SELBST zu kümmern.

Es gibt viele die diese Wahrheit verleugnen und nicht anerkennen wollen, früher oder später wird alles an das Tageslicht kommen, das nicht der göttlichen Ordnung mehr entspricht.
Dinge die nicht übereinstimmen mit dem göttlichen Plan, werden keinen Platz mehr hier haben. Wir werden aufgerufen, ordentlich unseren Keller zu säubern, Platz zu machen für die Herzenergie.

Von Keller bis Dachboden, fein säuberlich alles loszulassen, was uns nicht mehr dienlich ist. Universelle göttliche Wahrheiten können nicht mehr verheimlicht werden, sie sind einfach nicht mehr veränderbar, sie sind da.

In meiner täglichen Meditation bat ich meinen spirituellen Lehrer Jesus Christus, Erzengel Michael und meine Engel um Hilfe mich zu beschützen und bei mir zu sein bei allen Entscheidungen.

Dieses dient als Schutz und sorgte für mein Wohlergehen während dieser Meditation. Ob Sie diesem Beispiel folgen wollen, entscheiden Sie für Sich Selbst.

„Erzengel Michael, bitte komm und hilf mir, was muss ich loslassen, um mich ganz auf den richtigen Weg zu begeben um meine Lebensaufgabe zu erfüllen?"

Notieren Sie alles was Ihnen in diesem Augenblick in den Sinn kommt, einschließlich aller Gedanken, Gefühle, Ängste, Visionen und Worte.

Halte alles schriftlich fest, es kann sein das der Stift oder die Tastatur deines Pc's wie von geister Hand alles aufschreibt, dies ist die liebevolle Energie von Erzengel Michael. Empfange diese Botschaften liebevoll auch wenn Du sie im Moment nicht verstehst.

Nun nimm dieses Blatt Papier, mach für Dich daraus eine liebevolle Zeremonie oder Ritual, wie es gerade stimmig ist, verbrenne oder zerreise es, übergib es Mutter Erde, vergrab es an einen Ort deiner Wahl, oder übergib es einfach dem Wasser.

Mit der Bitte: "ICH LASSE JETZT TOTAL ALLES LOS, WAS NICHT MEINEN HÖCHSTEN GUT DIENT"

Wenn man Schwierigkeiten oder Probleme unbeachtet lässt und nicht erkennt, werden Sie bestehen bleiben, bis Sie bereit sind sich den Dingen zu stellen. Nehmt Sie dankbar an, als Lernlektionen, die Ihr meine lieben gemacht habt, stellt Euch der Tatsachen das es SO IST!

Denn wer von uns kämpft nicht altes los zu lassen, nicht mehr darin verhaftet zu sein. Deshalb habt Ihr mit Leichtigkeit den Schlüssel und die Werkzeuge in der Hand, jeder von Euch kann seine Schwingungen des Lichts erhöhen und den Weg nach Hause gehen.

Nehmt Euch SELBST an und liebt Euch, es wird Euch sehr leicht fallen, Schritt für Schritt den Weg zu beginnen.
Die universellen Wahrheiten

Diese kleinen Ratgeber sind schon von uns Menschen lange in Vergessenheit geraten, jetzt sollen wir Sie wieder hervor holen, und danach aus unseren Herzen leben.

a) Was man aussendet kehrt zu einem zurück.

b) Liebe deinen Nächsten wie Dich SELBST.

c) Sie bekommen das was Sie denken.

d) Tue nie, das was die anderen wollen, sei immer Du Selbst bei Handlungen und Taten.

e) Vergebung - Vergeben sie sich immer Selbst und dann den anderen Urteilen - sie nie über sich Selbst und andere.

f) Verurteilen - sie sich nicht Selbst und andere auch nicht.

g) Sie sind Schöpfer Ihres eigenen Lebens und nicht die anderen.

h) Dankbar sein in jeder Situation Ihres Lebens

i) Es gibt kein Ofer und keinen Täter, das schaffen Sie sich

j) SELBST um daraus zu lernen.

k) Die Dinge und Probleme denen wir uns wiedersetzen bleiben bestehen.

l) Nehmen Sie jede Situation die Ihnen gerade wiederfährt als Vollkommen hin.

Wenn Sie, in jeder Situation die zur Zeit in dieser Welt herrscht, den inneren Frieden bewahren, sich von Ihrem

Herzen aus leiten lassen und zentriert bleiben, ist dies ein wesentlicher Schlüssel davon, um Ihre Prozesse aufzuarbeiten.

Können Sie in all diesen Situationen Angstfrei und Liebevoll beleiben, sind Sie der wahre Meister. Meister über sich Selbst, Frieden in Dir zu spüren bei all diesen Trubel. Dann gratuliere Dir, Sprich deinen Namen dabei laut aus.

Habe Mitgefühl und Verständnis für Dich Selbst, weil es eben so ist, und auch für die anderen in diesem Chaos, es löst sich von Tag zu Tag mehr auf. Das ist das wesentliche dabei.

Ihr sollt jeder Zeit Eurem Herzen folgen, dann wird Euch die Wahrheit offenbart. Vor mehr als 2000 Jahren kam Jesus Christus, hier auf Erden und er musste auch all diese Lernprozesse durchwandern, in seinen menschlichen Körper, Erfahrungen sammeln, den aus Fehlern in vielen Leben lernt man, den niemand ist vollkommen, dies ist auch hier schwer auf Erden! Auch die Heiligen schafften dies nicht.

In den kommenden Jahren wird es kein Älterwerden geben und keinen Tod, so wie wir Ihn bis jetzt kennen, es wird sich alles wandeln. Dies wird alles bewusst und natürlich mit dem göttlichen Plan in Euch geschehen, die sich Eure Seele schon vorweggenommen hat.

Viele von Euch werden dies schwer verstehen, weshalb Schicksalsschläge eintreffen, ohne Vorwarnung, Menschen werden kommen und gehen, was zusammengehört bleibt bestehen, alles verändert Sich im Laufe der Zeit, Ihr werdet es kaum glauben, das das die Wahrheit ist.
Ob es richtig oder falsch ist, braucht Ihr nur in Euer Herz zu gehen, dort liegt die Wahrheit verborgen, öffne die Türe gehe durch und Sie dir den Raum dahinter an. Du wirst es spüren und erkennen, dein Herz sagt es Dir.

In diesen Augenblick, geht das Licht an und Du erkennst vielleicht das Licht leuchtet sehr schwach, der Hausverstand blendet dich, lass Dich nicht verleiten, dies oder jenes zu tun! Dein erstes Gefühl ist Intuitiv das richtige, es kommt von SPIRIT.

Hör auf diese Worte des Wissens, sie enthalten immer die Wahrheit, dann leuchtet Dein Licht wieder hell, der Hausverstand verkriecht sich schnell.

Ich nenne es in meiner Arbeit, Lichtkörperprozess, einfach deshalb lernen mit Gefühlen und Emotionen, körperlichen Schmerzen besser fertig zu werden. Wenn man weiß, wo der Schuh drückt.

Ihr geliebten, seit nun das Licht, dass in Euren Körper leuchtet, in jedem von Euch der es einfach zulässt. Diesen Prozess sich anzuschauen, weiter zu gehen, es in die Welt hinaus zu tragen.

Lernen sollt Ihr folgendes daraus, sich einfach damit zu beschäftigen, wo kommt der Ursprung der Wurzel her, jede Krankheit hat einen Ursprung. So auch unser Wandel im Licht. Viele von Euch, kommen damit nicht zu recht.

Deshalb gebe ich Euch einen kleinen Überblick, wie man im Alltag besser damit zurecht kommt. Gedanken kommen und gehen, in Eueren Kopf spielt es sich mächtig ab, Kopfweh, Stirn und Hinterkopf oder nur Schädeldecke, wie wenn einer ständig darauf drückt.

Das Unterbewusstsein, dein höheres Selbst, möchte Dir sagen: „He schau Dir dein Leben an", der Hausverstand redet dagegen.

Bist Du zufrieden so wie es ist? Nein, das bist Du nicht. Die Ohren beginnen zu sausen, Du gehst zum Arzt der stellt nichts fest, WAS WILLST DU NICHT HÖREN, von deinem höheren Selbst.
Du beobachtest vielleicht Dinge, die Du nie wahrgenommen hast, rundherum verändert sich vieles, nur Du siehst deine Rolle in deinem Leben nicht.

Schulterschmerzen, Nackenschmerzen, Verspannungen machen sich breit, ach ja zu viel gearbeitet, NO, es sitzt dir die Angst im Nacken, Du trägst zu viele Lasten auf deinen

Rücken, Vergangenheiten willst Du nicht erkennen. Loslassen wäre das Thema.

Noch ist es nicht zu spät, den Kern der Wurzel auszugraben, sich mit Eurem Licht zu verbinden, mit Eurem Herzen der Kern der Liebe, die Ihr als Wahrheit erkennt.

Linke Seite steht immer für ein Mutterproblem, Kindheit. Ehepartner
Rechte Seite steht immer für Vaterproblem, Beziehung, Job
Du kannst jetzt wählen, Dich für Massagen, Medikamente, Energiearbeit entscheiden, doch wenn Du nicht die Wurzel ausgräbst, es Euch in aller Stille anseht, werden die Wurzeln austreiben und das Leiden und der Schmerz größer werden, somit habt Ihr ein chronisches Leiden hervorgebracht. An manchen Tagen quält Euch vielleicht der Magen, Durchfall stellt sich ein, dann kommt Verstopfung noch dazu. Wieso geht es mir so mies? Es magerlt Euch gewaltiges, die Wahrheit muss raus, du unterdrückst es, der Darm verstopft es. Personen oder Dinge die nicht mehr zu Euch gehören, Ihr wisst es schon lang, Euere Seele auch, zeigt es Euch es gehört bereinigt aber schnell.

Das Sexualleben lässt zu wünschen übrig, schon lang ist der Zug abgefahren, Alltag kehrt ein, Bequemlichkeit nimmt Ihren lauf, das muss nicht sein. Geh in dein Herz hinein, es zeigt Dir genau, die Wahrheit, die Du vielleicht nicht wissen willst. Bei der Frau, machen sich Unterleibsbeschwerden, Blasenentzündungen, Harnweginfekte oder Zysten die platzen bemerkbar.

Der Mann ist etwas schlechter dran, Potenzstörungen, Herzbeschwerden, Kopfschmerzen, Müdigkeit, Gliederschmerzen, früher nannte man es Middlife Crises, heute ein Hilfeschrei Eurer Seele.

Das ist nicht der richtige göttliche Plan den Ihr erfüllen sollt, den Du erkennst die Wahrheit nicht.

Das Herz, Eurer Seelenplan der in Euch schlummert, will endlich aktiviert werden, durch Euer Licht, schreite vorwärts Lichtkrieger, in deinem SEIN, beobachte stets deine

Gedanken, Worten und Taten, denn sie wirken sich in deiner Gesundheit aus.

Die Blase steht für emotionale Verletzungen in der Kindheit, oder früheren Leben.

Herzbeschwerden, deuten uns, wir sind zu tief verletzt worden, eine schwere Enttäuschung, Verlust der Gefühle für uns Selbst, aber auch für andere. Herzensbruch und Zurückweisung, Mangel an Liebe, sich innerlich leer und ausgebrannt fühlen.

Potenzstörungen stehen für wenig Selbstwertgefühl, Machtlosigkeit, Im innersten finden Machtkämpfe im Hinblick auf Sex statt. Wertlosigkeit, Bedürftigkeit. Wir sind gefangen, in einem inneren Konflikt, einen anderen zu besitzen und es aber leugnen. Selbstangriff, Vergeltung, Schuldgefühl.

Zysten stehen bei der Frau, als die Vergangenheit loszulassen, vorwärts zu gehen, sich anzupassen sich selbst zu ernähren und sich zu akzeptieren. Dies wird immer als Ausrede benutzt, die liebe Familie, in Wirklichkeit wollen wir nicht weitergehen.

Harnwegsinfekt zeigt uns, dass wir uns verletzlich und empfindlich fühlen. Wir werden vielleicht emotional angegriffen, verbal in Diskussionen über Sex, oder viele Gefühle müssen losgelassen werden und der Ärger über bestimmte Gefühle und Emotionen löst dies aus.

Halsschmerzen, können jetzt vermehrt auf treten, wir können über bestimmte Dinge nicht sprechen, Kommunikation macht uns Angst, oder wir müssen eine Führungsposition übernehmen. Wer sitzt uns im Nacken?

Ihr könnt Euch vermehrt Grippale Infekte zuziehen, Müdigkeit, Schlafstörungen, dies zeigt Euch, das die innere Mitte verloren gegangen ist, die Chakren sind im Ungleichgewicht, sich einfach wiederfinden, ausruhen um weitergehen zu können. Wir versuchen der gegenwärtigen Situation zu entfliehen. Depressionen machen uns den Alltag schwer, wir finden nicht zu unserer inneren Ruhe und Stille, doch Medikamente helfen da wenig.

Sucht macht sich merkbar, Mangel an Selbstliebe und Nächstenliebe fehlt uns, eine anlehnende Schulter, näher zusammenrücken, Gemeinschaft bilden, Kommunikation fördern, Verständnis und Mitgefühl für sich Selbst ist der Hauptgrund dafür.
Kindheitstrauma, Schock Erlebnisse, als dies können jetzt vermehrt auftreten, somit steigt auch das Suchtpotenzial, nicht der Wille zählt hier, sondern der Ursprung. Egal welches Suchtverhalten bei jeden Einzelnen von Euch, stärker wird, geht in Euer Herz hinein, die Seele weiß den Ursprung, nehmt Euch die Zeit, für Euch, Verständnis und Geduld, holt Euch Euren Seelenanteil zurück, der verloren gegangen ist, Ihr werdet sehen, mit der Zeit braucht Ihr die Sucht nicht mehr.

Sie brauchen keine Schuldgefühle zu haben, oder sich zu ärgern, weil dies im Moment so ist. Fragen sie sich selbst warum das so ist? Holen sie den Ursprung hervor, vergeben sie sich Selbst, spüren sie was sie hier bei diesem Prozess durchmachen, bleiben Sie bei ihrer Energie und wenn die Energie im Einklang mit innen Selbst ist, lassen sie es einfach los. Wie aus Zauberhand, leicht und locker.

Die aufgestiegenen Meister und Spirits helfen Euch gerne Euren Aufstieg so sanft und möglich zu gestalten, dem einen oder anderen den Lichtkörperprozess so angenehm als möglich zu gestalten.

Wir helfen und bieten unsere Dienste, jeden von Euch an, um Mutter Erde mit mehr Licht und Liebe zu versorgen. Nichts wird mehr so sein wie es war, das goldene Prachtzeitalter tritt an uns heran, sodass es von allen gesehen werden kann.

Meditation Klärung der Energien

Herzen öffnen, Klarheit, Reinheit des Lichts zu empfangen.

Atmen Sie in Ihr Herzchakra ein, (Mitte d. Brustbeins) rosafarbenes Licht, spüren Sie wie sich die Energie anfühlt, warm, liebevoll, nun entspannen Sie sich und beobachten Sie ihren Atem.

Ruhig und gleichmäßig, gehen sie in Ihre innere Mitte (Solarplexus), dort lassen Sie ein wunderschönes blaues Ei mit goldenen Sternen entstehen. Hüllen Sie Ihren Körper in dieses wundervolle blaue Ei, nun setzen sie sich in mitten dieses EIES, wo sie eine Flamme entdecken, die lodert und brennt.

Bleiben sie in ihrem entspannten Zustand und bitten Sie die Flamme alle negativen Energien zu verbrennen, die jetzt an Ihnen haften, sie zu transformieren und verbrennen. Solange bis alles, was sie spüren, fühlen und sehen vor ihrem inneren Auge gereinigt und verbrannt ist.

Bitten Sie nun Ihre Herzenergie, sich aufzufüllen mit neuem rosafarbenem Licht, solange bis Sie die Wärme in Ihrem Herzen spüren. Es fühlt sich wie ein Feuerball, oder heiße Lava an. Dies können Sie so oft wiederholen, wie es für Sie richtig scheint.

Wenn Sie diesen Prozess, öfters anwenden, klären Sie die Energien die Sie während des Tages, einsammeln und Sie ermüden lassen, Stress oder Umwelt bedingt.

Rufen Sie Ihre ICH BIN Präsenz, ICH BIN, VOLL KRAFT UND MUT, dass TUT MEINEN HERZEN GUT, IN LIEBE ZU MIR.

Gott und die Engel, sind immer bei Euch, wenn Ihr Sie am Anfang der Meditation bittet, Euch zu führen, die Botschaften erkennen zu lassen, die für Euch wichtig sind.

Sie sind in jeder Situation bei Euch, helfen Euch sich ausrichten nach dem neuen Wandel der Zeit.
Ihr habt nichts umsonst bis jetzt getan, es kommt Euch wie eine Ewigkeit vor, das Licht in Euch zu finden, doch Ihr habt es schon, jeder von Euch. Lasst es weiter scheinen, so wie die Sonne in Euch.
Die Dunkelheit hat Ihre Macht verloren, wenn Ihr die Angst loslasst die Euch vor dem weitergehen hindert und das Licht in Euch weiter zu entzünden. Sie wissen was Ihr durchmacht in

diesen Prozessen, doch sie stehen stets hinter Euch, sind da wenn Ihr sie ruft. Bleibt stets im Gebet mit Euch.
Alle Wege führen nach Hause, so auch dieser egal auf welchen Ihr Euch befindet, lichtvoll soll er sein.

Erkennt das Licht, das in Euch leuchtet, mit jedem Aufarbeitungsthema mehr und mehr, Ihr erhöht Eure Schwingungen, klärt Eure Energien.

In Eure Aura setzen sich die alten Muster und Gedanken weiter fort, sie wird allmählich grau. Die disharmonischen Energien nehmen Euch das Licht. Dies brauchen wir nicht mehr, wir wollen leuchten, unseren Weg nach Hause, in Liebe beschreiten.

Es an andere weitergeben, unsere Erfahrungen mit allen Menschen teilen, wie wir uns im Alltag, durch diese Helferlein immer weiter dem Licht zu bewegen, streichen, klären, beseitigen, negative Gedanken in positive umzuwandeln.

Die grauen Schattenseite wie Nebelschwaden vorbei ziehen zu lassen, bewusst und achtsam zu gleich, deine Handlungen, Worte, Gedanken zu erfassen, zu reinigen und zu klären.

Ertappst Ihr Euch dabei, negative Gedanken, Unwohlsein, macht sich breit. Dann kläre deine Energie. Streiche mit der linken Hand über dein rechtes Handgelenk. Sprich dabei im Gedanken diese 3 Worte. "STREICHEN, KLÄREN, BESEITIGEN", du wirst dadurch wieder an liebevolle Gedanken erinnert und es kann sich im Universum nicht manifestieren.

Es werden sich in Eurem Alltag Veränderungen zeigen, Eure Freunde und Bekannten, werden Euch fragen, was ist los, mit Dir, dein äußeres Erscheinungsbild, deine Art zu denken, alles verändert sich, Du strahlst das Licht der Liebe aus.

Dies entspricht dem göttlichen Plan in Euch, die Seele ist Euch würdig nach Hause zu gehen.
Wir danken jeden von Euch, das Ihr dazu beitragt, mit Euren Prozessen, dass Licht in der Welt leuchten zu lassen, darum reinigt, klärt, Euren Körper und Geist, um weiterhin Euch zu

dienen und der Welt.

Ruft immer das Gesetz der Vergebung im Alltag an, so wird Euch jeden Tag vergeben, alt Lasten aus früheren, Inkarnationen und schulden werden Euch vergeben.

Eure ICH BIN PRÄSENZ, die violette Flamme schützt Euch und begleitet Euch, erlaubt Euch SELBST in diesen magischen Lichtkreis einzutreten, umhüllt von wundervollen Licht, das euch Harmonie und Frieden bringt. Reinigt Euch von unharmonischen Energien des Alltags und tretet ein in die Welt der Herzensenergie.

Auf diese Weise seid Ihr immer von Euren Fehlern befreit und das Karma hat ihre Wirkung verloren für immer.

Wenn Sie diese mächtigen Werkzeuge im Alltag verwenden, befreien Sie sich von allen Ihren Lasten, die sie wie ein Rucksack am Rücken tragen, es wird immer leichter und leichter.

Es sind kleine Wegweiser, mit großer Wirkung im Alltag. Der Schlüssel liegt vor Ihnen, Sie brauchen in nur in das Schloss zu stecken, aufsperren und einzutreten. Die ICH BIN PRÄSENZ erhellt Ihren Raum. Der magische Lichtkreis schützt sie. Dies sollten sie, jeden Tag tun, um Ihren Frühjahrsputz zu beginnen, damit Ihre ICH BIN PRÄSENZ sauber darin wohnen kann

Hier eine wunderschöne persönliche Geschichte, die ich hier gerne bringen möchte.

Seit ich den Verein Healing-Hands vor 2 Jahren gegründet hatte, mit Hilfe eines guten Freundes, Erich der in seiner Arbeit als Schamane, mich fortlaufend mit Energiearbeit in meine Selbstheilung brachte, konnte ich innerlich wachsen, äußerlich lernen.

Dafür spreche ich meinen Respekt und Dank an Dich Erich aus.

Doch trotzdem häuften sich immer wieder kleine Krankheiten,

wie Blasenentzündung, Muskelverspannungen, Müdigkeit, die fast bis zur Erschöpfung führten. Wir arbeiteten energetisch viel miteinander, und unsere Hilfe wurde auch von anderen Mitgliedern gebraucht.

Erich ging es das 1 Jahr sehr gut, unsere Arbeit machte uns Spaß, den wir wussten wir stehen im Dienste der Menschheit und werden gebraucht. Ein Jahr verging sehr schnell und es viel mir auf das sich Erich verändert hatte, seine Gesichtszüge, sein Charakter. Wer war? Wer ist er? dachte ich. 2 in 1 das kann es nicht sein.

Ich fragte jeden Tag meine Spirits und Angellight, wieso mit diesen guten Freund so eine Veränderung eintrat.

Doch Antwort bekam ich keine, also war ich auf meine eigene Intuition gestellt, mein Baugefühl zu fragen. Jedes Mal wenn wir ein Treffen hatten, bekam ich im Vorfeld, Bauchkrämpfe und Durchfall, ich wusste nicht was mir mein Körper anzeigen wollte. Erichs verhalten wurde von Tag zu Tag schlimmer, er merkte es nicht und seine Familie auch nicht, es war für sein Umfeld alltäglich.

Für mich aber nicht, den mein Körper zeigt mir jede Veränderung in Form von starken körperlichen Schmerzen an. Es folgte keinerlei Reaktion, es wurde schlimmer. Ich musste jetzt handeln, obwohl es mir SELBST nicht gut ging, denn zu dieser Zeit, waren sehr viele Dunkle Seiten unterwegs, und die körperlichen Angriffe waren gewaltig. Diese schlimme Zeit, durchlebte ich wie in einen Trancezustand, Mir wurde bewusst, ich muss für den besten Freund etwas tun.

Ich holte mir das OK von Spirit: „Auf eigene Verantwortung", hieß es, „dein freier Wille zählt". Sie sagten: „Wir, wenn Du uns Bittest, stehen Dir bei, ob bei Tag oder Nacht, wir schützen und begleiten Dich."

Unsere Freundschaft hing an einen seidenen Faden, ich bat um einen Traum oder eine Botschaft, dabei sah ich zwei Bilder, die mir zu verstehen gaben, dass die Gedanken anderer Menschen, in Form von Neid, Eifersucht, Habgier,

Manipulation gefährlich sein konnten. Mir wurde dadurch bewusst, in meiner Arbeit räumte ich die Kellerleichen der anderen weg.

Den ganzen seelischen Ballast und Müll, nahm ich an, ohne es zu wissen. Immer wenn ich Besuch hatte und die Leute wieder gingen, wurde ich müde, und mein Körper schmerzte.

Ich fand im Internet eine Seite, wo die Lösung für mich stand. Also musste ich, meine negativen Gedanken aus meinen Kopf bringen, die durch Manipulation anderer verursacht wurden, aber auch zugleich mein Spiegelbild betrachten. Jeder Mensch der in unser Leben tritt, spiegelt uns in unserem SEIN.

Ich erkannte aber auch, dass jeder negative Gedanke, dem ich für einen anderen hegte, wieder zu mir zurück kam, obwohl ich wusste, dass mich keine Schuld traf!
Noch hatte ich die ganzheitliche Lösung nicht gefunden, aber ich begann bei Erich mit der Prozessarbeit.

Gleichzeitig erkannte ich in Träumen, dass ich diese arbeit schon einmal mit Erich in einen früheren Leben gemacht hatte. Im Laufe unserer Freundschaft, passierte es immer wieder, dass ich Veränderungen der Persönlichkeit einstellten, und ich auch diesen Keller säuberte.

Doch meines Erachtens, sah ich einen Lichtblick am Horizont, das Licht wieder zum leuchten zu bringen. Es gelang mir, doch auf mich persönlich schaute ich nicht weiter. Für alle anderen, diente ich weiter.

Ob unbewusst oder bewusst, eine Lichtkriegerin gibt nicht auf. Erich war wieder in seiner inneren Mitte, das Gleichgewicht hergestellt, der Leuchtturm leuchtet wieder.

Jetzt war mir klar, ich musste auch an mir wieder weiterarbeiten, um meine Themen aufzuarbeiten!
Zwischendurch gelang es mir, mir SELBST zu vergeben, meine ICH BIN Präsenz aufzurufen, die violette Flamme zur Transformierung zu bitten, doch jedes Mal wenn ich mit Personen in Kontakt kam, die mir Ihre Probleme erzählten,

nahm ich Ihnen die Probleme automatisch, mit meinen Gesprächen in Form einer Therapiestunde ab. Mir selbst wurde es gar nicht bewusst.

Das ich automatisch in meinem Unterbewusstsein die Lösung der Probleme der anderen fand. Ich suchte ständig die Lösung für seine Probleme!

Erstellte im Gedanken Analysen, wurde fündig und hatte wieder eine Leiche aus dem Keller entfernt.

Ich meinte es immer gut, und wollte helfen, doch mir wurde nicht klar, das ich somit ihre Lernlektionen und persönliche Weiterentwicklung dadurch zum stillstand brachte. Ich nahm Ihnen die Aufräumungsarbeiten ab, obwohl ich selber noch säubern und reinigen musste.

Ich nahm allen die Lektionen ab, weil ich es einfach immer in meinen Leben tat. Daher erkannte ich dieses alte Muster nicht, um es einfach loszulassen und zu transformieren.

An jenen Tag, als es mir bewusst wurde, war ich dankbar, für diese Lektion, wieder etwas gelernt zu haben, den wir können den anderen nicht Ihre Probleme lösen, für das ist jeder SELBST verantwortlich, wir können Ihnen einen Rat geben, Hilfe anbieten, lösen müssen es alle SELBST!

Die anderen müssen erkennen, für Ihren weiteren Lebensweg, Eigenverantwortung zu übernehmen, Abhängigkeiten, zu erkennen, sie zu lösen, um Ihren Weg nach Hause gehen zu können.

Sie müssen Selbst Ihre Lektionen lernen, Erfahrungen hinsichtlich eines früheren Lebens, das hier in unseren Erdenleben als Lern-Erfahrung dient, Wenn wir es für die anderen tun, laden wir uns die negative Energie auf, dem anderen geht es GUT, und wir werden früher oder später krank.

Können nicht erkennen, weshalb die Krankheit gekommen ist. Solche Menschen haben einfach Angst, Ihre Eigenverantwortung zu leben, Entscheidungen für sich Selbst zu treffen.

Einfach dem Ruf des Herzens folgen, den Hausverstand bei Seite lassen, voran schreiten, wir sind Krieger des Lichts. Wir sind bei Euch und begleiten Euch, dieser Weg ist steinig und schwer, aber jeder kann Ihn gehen, der seinen freien Willen, erkennt und sich Selbst wertschätzt und anerkennt.

Lasst Euch nicht manipulieren, bleibt in Eurer Achtsamkeit, Beobachter in Euerem Umfeld, doch Euch Selbst am nächsten. Ihr Seid die Hauptfigur in Eurem Film, der Autor und Regisseur, alle anderen ringsherum sind die Komparsen. Wenn Ihr Euch für diese Hauptrolle entschieden habt, ist der GOLDEN GLOB DES LICHTS in Sicht.

Ich wusste, dass ich die alten Gewohnheiten, aufgelöst hatte, doch wurde ich wieder einer Prüfung unterzogen, um zu wissen ob ich es auch verstanden hatte.

Wir gingen zu unseren Vereintreffen, arbeiteten miteinander einige Themen auf, doch in diesen Gesprächen, waren Hinweise für mich versteckt. Ich ärgerte mich darüber, Ertappte mich Selbst bei den Gedanken, Mensch was mach ich da, ich räume den Keller der anderen schon wieder auf, geht mir das aber auf die Nerven.

Ich diskutierte mit Erich noch über das Treffen, und manche Ansichten waren für mich stimmig, manche nicht. Ich ladete mir selber wieder negative Energie auf! Müde kam ich nach Hause, rätselte herum weshalb mir alles Weh tat. Emotionale verbale Kommunikation war der Auslöser.

Ich begann meine Meditation, rief sofort das Gesetz der Vergebung und meine ICH BIN PRÄSENZ um die Gedanken zu reinigen und klären, denn die Auswirkungen ohne das man es dann weiß, sind die Konsequenzen die wir dann zu tragen haben. Wir fällen Urteile ohne zu wissen, dass wir ein Urteil gefällt haben. Dies geht sehr schnell. Die Macht unserer Gedanken, ich will auf keinen Fall wieder inkarnieren.

Ich beobachtete mich selbst, nur keine Fehler durch falsche Gedanken zu machen, denn das war der einzige Weg, das ich selbst erkenne, frei von diesen Gedankenmustern zu werden!

Schenken Sie den anderen Problemen, die andere mit sich tragen, keine Beachtung, schenken sie sich die meiste Beachtung!

Ich freute mich, mein inneres Kind war zufrieden und meinen Spirits war ich dankbar, diese Lektion verstanden zu haben und auch bewusst es verarbeitet zu haben. jetzt verstand ich auch alle Träume und Botschaften, die ich erhielt.

Begann auf meiner DJEMBE zu spielen und sang. Dies war für mich die innere Freiheit, erkannte wie wunderbare Segnungen mir das Universum dadurch gab. Jeden Tag wunderte ich mich, wie schön es ist, hier auf dieser Erde eine Aufgabe zu haben, sie zu erfüllen, Gott zu danken, das er das UNIVERSUM schuf, denn alles ist so Vollkommen.

HERZ IST TRUMPF-ALLES UND JEDES BEDINUNGLOS ZU LIEBEN!

ERFAHRUNGSBERICHTE AUS DEM ALLTAG !

Wenn Ihr beginnt Euren Weg nach Hause anzutreten, können schon länger andauernde chronische Beschwerden oder plötzlich auftretende Krankheitsbilder in Erscheinung treten. Ihr fragt Euch dann, wo kommt das plötzlich her, oder wird diese Krankheit nicht einmal besser.

Die Schulmedizin hilft Euch, bekämpft aber nicht das Übel. Jetzt ist es an der Zeit, die ganzheitliche Medizin in Erwägung zu ziehen. Naturheilkunde, alternative Selbstheilungsmethoden, alle diese Naturheiltherapien, können begleitend neben der Schulmedizin in Anspruch genommen werden, ohne irgendwelche Nebenwirkung zu erwarten.

Es ist bereits erwiesen, das alle diesen wundervollen Naturheiltherapien, ganzheitliche Medizin, die Selbstheilungskräfte in uns aktivieren, wenn wir dazu bereit sind, für uns SELBST etwas zu tun.

Man sagt ja auch der "GLAUBE" versetzt Berge, also dann auf zur Berggipfelspitze.

Dagmar, erzählt Euch nun 2 kleine Erfahrungsgeschichten, die Sie während Ihrer Arbeit mit REIKI und Quantenheilung, sowie Angel-Healing dokumentiert durch die Schulmedizin, erlebt hat.

Ich hatte kurz meine Ausbildung als Reiki Meister/Lehrer abgeschlossen, war ehrenamtlich in einen Verein für Herzkranke Kinder tätig, in meiner Tätigkeit, Kanal für Energie durch Handauflegen zu sein, bekam ich immer mehr das Gefühl, wenn ich die Sitzungen beendet hatte, war mein Herz mit Gott im Einklang, der Energiefluss der Heilung, sowohl beim Klienten und mir, war oft sehr stark, und Erzengel Raphael mein (Innerer Heildoktor) begleitet mich stets.

Die Kinder fühlten sich wohl dabei, und kleine Wehwechen waren schnell geheilt, durch Ihre Selbstheilungskräfte, die dadurch aktiviert worden sind.

Meine Nichte Fiona, war auch ein Herzkind, bei einer Operation, hatte Sie ein Nahtoderlebnis mit 12 Jahren. Darauf folgte eine schwere Persönlichkeitsstörung, (BorderLiner) sie ging bis an Ihre Grenzen, schwarz und weiß war Ihr denken. Meine Schwester war sehr verzweifelt, da das Pubertätsalter noch hinzukam. Ich nahm meine Nichte Fiona für 4 Monate bei mir zu Hause auf, und wir begannen mit energetischen Sitzungen und vielen Seelengesprächen, begleitend mit einem Psychologen für Jugendliche, Hand in Hand mit Reiki,begleiteten wir sie auf Ihren Weg, die Blockaden und Schockerlebnisse aufzuarbeiten. Viele Themen, kamen auf uns beide zu, manchmal Rückfälle, Verzweiflung, Suizidgedanken und vor allem Selbstverstümmelung in Form von Ritzen.

Ich gab nicht auf, den ich wusste Sie kann in einem Jahr, weder mit der Schulmedizin noch mit ganzheitlicher Medizin, diese Krankheit zum Stillstand bringen. Wir mussten, Geduld und vor allem Liebe, und Verständnis sowie Zeit für Sie aufbringen.
Schritt für Schritt, trat eine Besserung ein, dann wieder Rückfall, das Spiel begann von vorne.

Sie blühte, diese 4 Monate so sehr auf, freute sich über alles und Jenes, auch zu dieser Therapie gehört, viel mit einem Pubertierenden zu unternehmen, wir gingen auf Konzerte,Kino,arbeiteten auch viel dadurch auf. Die Auffälligkeiten des Krankheitsbildes wurde immer weniger. Sie spürte dadurch die Liebe, Ihre eigene Liebe selber, denn manchmal kam es Ihr persönlich vor, sie schwebe zwischen 2 Welten, oben und unten. Psychische Belastbarkeit im Alltag konnte sie nur schwer ertragen. Der Druck von Schule und Familie war Ihr in diesen Augenblick zu viel.

Sie musste bereits im Alter von 14 Jahren, schwere Antidepressiver und Herzmedikamente zu sich nehmen, Sport oder Turnen war Ihr untersagt, halbjährliche Kontrolle im AKH auf der Herzklinik.

Auch das schaffte Sie mit Bravour, REIKI zeigte Ihr den Weg, ihre Selbstheilungskräfte zu aktivieren. Mein tapferes Mädel, entschloss sich nach einiger Zeit, selber ein REIKI-Seminar Grad 1 zu absolvieren. Sie wollte sich SELBST beweisen, die Krankheit in den Griff zu bekommen.

Meine Reiki/Meister/Lehrerin Sabine führte das Seminar durch, es war für Fiona nicht einfach, da Sie sehr viel Zuwendung und Liebe brauchte, und eine Person die für Sie immer da war.
Das ging leider bei so einen Seminar nicht, wo mehrere Teilnehmer anwesend sind.

Also beschlossen wir an den Kurs -Tag,Fiona nur als Einzelperson, die Einweihung zu geben, und ich fuhr dann mit Ihr nach Hause und lernte mit Ihr alleine weiter, was ich durch meine Lebenserfahrung mit Jugendlichen (Borderliner) schon hatte, zu praktizieren.

Der Reiki Grad 1 veränderte Ihren ganzen Lebensweg, begleitend mit Psychotherapie kam sie sehr schnell zu recht. In kleinen Schritten verbesserte sich Ihr Krankheitsbild und die Selbstverstümmelung (Ritzen) wurde viel besser.

Ich arbeite mit den Spirits und den aufgestiegenen Meistern, Hand in Hand wusste immer durch meine innere Führung, wie ich die Situation einschätze und Krisensituationen bewältigen kann.

Heute ist meine Nichte Fiona ein gesunder Teenager im Alter von 17Jahren,das Nahtoderlebnis aufgearbeitet, meine Dienste stellte ich dann nach 6 Monaten ein, Fiona ging weiter in die Therapie, und Ihre Selbstheilungskräfte aktivierten sich immer mehr und mehr. Sodass Sie eine gute Schülerin wurde, und jetzt einen tollen Job hat, den Sie vorher nicht bewältigen konnte.

Dafür danke ich Gott und meinen Angellight sowie meinen ICH BIN, diese Werkzeuge richtig eingesetzt zu haben, die mir das Universum gegeben hat, die ich aber schon immer in mir trage, und Sie nie erkannt habe. Lektionen lernt man, wenn Sie einem Bewusst werden, die Tatsache ist, ohne der Eigenliebe und den Glauben an sich SELBST, verpasst man die Chance des Lebens.

Da nützt uns kein WOHLSTAND, MATERIALISMUS, NEID, EIFERSUCHT, UND GIER ETWAS, sondern sie Chance zu nützen, den Weg der Freiheit für sich zu wählen. Seinen Lebensweg zu
kennen, das Universum hält alles bereit für uns, wenn wir GEBEN, DIENEN und in DEMUT schreiten, die Herzenergie für uns sprechen lassen, und alte Muster fallen lassen.

Meine Lektionen habe ich durch die Schule des Lebens gelernt, es ist nicht alles GOLD was glänzt.

Dagmar, die Autorin dieses Buches könnte, an Hand Ihrer Lebenserfahrungen, die Sie Selbst mit vielen schweren Krankheiten mit jeder Zeile dieses Buches authentisch und identisch vergleich bar ist, ohne Hilfe an den Glauben, sich Selbst zu vergeben und heilen, könnte heute im Hier und Jetzt, nicht diese Zeilen für dieses Büchlein der Weg nach Hause schreiben.

Nur aus Selbsterfahrungen und Lebenserfahrungen, lernt man seine Lektionen, heute weiß ich, dass es der richtige Weg für mich ist, Menschen im Wandel der Zeit, diese Erfahrungen wahrheitsgetreu
weiter zugeben, sowohl Lernerfahrungen und Wissen mit

anderen zu teilen.

Dies ist in der heutigen Zeit, der göttliche Plan eines jeden Menschen, Wahrheit und Wissen, einfach weiter zu geben, ohne daran denken zu müssen, das die Macht des Wissens von anderen missbraucht wird. Wenn Ihr darum Bittet, werdet Ihr erhört. Das Licht leuchtet in jeden von Euch, manchmal ist die Dunkelheit stärker als das Licht, blockiert Euch Selbst nicht.

Diese Kurzgeschichte handelt von einem Familienmitglied, meiner Mutter Lucia 69 Jahre, wie ich in meinen vorigen Kapitel schon erwähnt habe, hatte ich mit meiner Mutter 35 Jahre keinen Kontakt.

Kurz und gut, hierbei handelte sich wieder um eine schulmedizinische Dokumentation, gegenüber der alternativen Selbstheilungsmethode.
Meiner Mutter wurde 2006 die Diagnose gestellt, Brustkrebs keine Heilungschance, Operation erfolgte, rechte Brust wurde amputiert, Chemotherapie, Depressionen, schwere Panikattacken, sowie 5 Bandscheibenoperationen machen Ihr das Leben schwer, Schuldgefühle als Mutter versagt zu haben, lösten den Brustkrebs aus, den Verlust Ihrer geliebten Mutter,(Ersatzmama für Dagmar) 2006,trieben Sie an Rand des Zusammenbruches, Suizidgedanken kamen hoch.

Doch Ärzte konnten Sie nur mit schweren Medikamenten ruhig stellen, die auch viele Nebenwirkungen hatten, und der allgemeine Gesundheitszustand war nicht der Beste.

Ich begann mit meiner Arbeit, geführt von meinen Meistern und Gott, betete jeden Tag und gab die geistige Heilung, Gott und meinen Erzengel Raphael, bat um innere Führung, so dass die Selbstheilung in Kraft treten konnte. Alles andere überließ ich Gott, hatte Vertrauen in mich, das ich alles richtig machte. In meinen Gebeten, die tief aus meinen Herzen kamen, spürte ich dass etwas in Gange kommt.

Da meine Mutter, nie an diese ganzheitliche Medizin glaubte, bis heute noch nicht, verliefen die Jahre nicht ohne

Komplikationen, weil sie Ihre Heilung blockierte.

Alte Muster taten weh, und der Glaube daran ging verloren. Doch die schmerzen nahmen kein Ende, sie bat mich eines Tages, bei Ihr mit REIKI-Behandlungen an zu fangen, den es hatte sich auf der linken Seite der Brust ein 1cm großer Tumor gebildet, der wieder entfernt werden musste, die Gewebeprobe eingeschickt, um sicher zu gehen, das die Metastasen nicht weiter fortgeschritten sind.

Ich beruhigte Sie, gab Ihr meine Herzensenergie, versorgte sie 2mal in der Woche mit Reiki,die universelle Lebensenergie fließt auch wenn man nicht daran glaubt, dorthin wo Sie der Mensch braucht. Sie spürte bei den chronischen Schmerzen eine Linderung, blockierte aber Ihre Seele weiter. Wir arbeiteten auch daran, aber nur was Sie verkraftete. An den Tumor in der linken Brust dachte ich eigentlich gar nicht mehr.

Ich wurde eines besseren belehrt, als ich dann nach einigen Wochen auch krank wurde, erkannte ich vorerst nicht, das ich auf mich nicht geschaut habe, meine Prozesse die ich mit meiner Mutter hatte, auch meine eigenen waren. Daher wusste ich nicht wie ich damit umgehen sollte, um es zu erkennen, vorerst war ich für meine Mutter dadurch meinen Kanal gab ich Ihr die Liebe, und die Kraft unwissentlich in Ihre Selbstheilung zu kommen, unterstützend durch meine Gebete.

Vom Krankenhaus rief Sie mich, total aufgelöst an. Es stehen jetzt hier im OP 6 Ärzte und wissen nicht was Sie operieren sollen, an der linken Brust.
Ich fragte sie, die müssen doch wissen, wo der Tumor sitzt, er ist ja in der Mammographie sichtbar.
Mama, antwortet unter Tränen, Mein Engel es gibt nichts zu operieren, es ist kein Tumor mehr da. Muss jetzt nochmal in den Scanner, weil es den Ärzten ein Rätsel ist, wo der Tumor geblieben ist. Ich rufe Dich dann wieder an, ob ich OP habe oder nicht.

Ich erkannte die Situation noch immer nicht. Meine Prüfung von Gott an mich, zu Vertrauen, Glauben und bedingungslos alles und jedes zu lieben. Die Stunden vergingen, als das Handy läutete, kannst Du mich holen, ein Wunder ist geschehen ich kann ohne OP nach Hause gehen. Das Ärtzteteam fand keinen Tumor, waren darüber sehr verwundert, der kann sich ja nicht in Luft auflösen, liebe Frau, wie haben Sie das denn gemacht.

Meine Mutter wusste nicht was Sie antworten sollte, doch Gott und Ihr Unterbewusstsein gaben Ihr die richtige Antwort darauf. Sie werden mich jetzt auslachen, und mir nicht glauben, aber meine älteste Tochter, hat mir ein paar Tage die Hände auf die Brust gelegt. Die waren so heiß wie ein Stromgenerator, und mir ging es dann eine Weile besser.

Die Ärzte lachten, drehten sich um, gaben meiner Mutter einen Kontrolltermin in einem halben Jahr. sehen wir uns wieder. Mittlerweile ist ein Jahr vergangen, freudestrahlend rief sie wieder an, kein Tumor in Sicht. Ich verstehe es bis heute nicht, doch ich weiß das REIKI geholfen hat. Gott und meine Spirits haben meine Gebete erhört, die universelle Lebensenergie brachte meine Mutter in die Selbstheilung, meine bedingungslose Liebe heilte die Wunden, die Herzenergie, öffnete Ihre Türe zu Ihrer Seele, zwar nur kurz, doch heute, helfen Ihr Theraphiegespräche mit mir, meist in Form einer Fernbehandlung, denn so bleibt Ihre Selbstheilung aktiv, ohne das es Ihr Bewusst wird.

Dieses Erfolgserlebnis, brachten mir viele Erkenntnisse bezüglich meines weiteren Weges, der Mensch ist egal, wie oder wer er ist, ein göttliches Geschöpf, mit einen Seelenplan den er hier auf Erden zu erfüllen hat, auch wenn es Ihm nicht immer Bewusst ist. Die bedingungslose Liebe aus dem Herzen, allen Mitmenschen hier zu geben, das Licht in die Welt leuchten lassen, Mitgefühl für alle und jeden, brachten mich wieder einen Schritt weiter, vor Gott und meinen aufgestiegenen Meistern, hatte ich diese Prüfung bestanden.

Hiermit, möchte ich mich bei meiner Mutter Lucia bedanken, dass Sie mich empfangen und geboren hat, die Umstände für mich und Sie nicht einfach waren. Ich, das Gesetz der Vergebung angerufen habe, die violette Flamme gebeten habe, alles zu transformieren und loszulassen, die Reaktion darauf ist, dass meine Mutter im weiter in die Selbstheilung kommt, ohne das es Ihr je Bewusst wird.

In kleinen Schritten, den Weg nach Hause geht mit Gottes Hilfe und meinen Gebeten, die noch immer erhört werden, jeder Tag bringt ein anderes Wunder!

Jede Krankheit ist eine Botschaft an uns, gehe in deine BEWUSSTWERDUNG und finde den Ursprung. Nimm jede Hilfe in Anspruch, erkenne die Liebe in deinen Nächsten!

LIEBE DEINEN NÄCHSTEN SO WIE DU DICH SELBST LIEBST!

SEI DEINES GLÜCKS EIGENER SCHMIED!

LIEBE KANN MAN NICHT KAUFEN, SIE TRÄGT MAN IM HERZEN!

LIEBE BRAUCHT MAN NICHT SUCHEN, DU HAST SIE BEREITS!

LIEBE GEHÖRT ZU DIR WIE DAS TÄGLICHE BROT!

GOTT LIEBT JEDEN VON EUCH!

Werdet Euch dieses bewusst, Ihr trägt das Licht in Euch, lasst es in die Welt hinaus, Gott wohnt in deinen Haus, den Schlüssel besitzt nur Du, der Schlüssel zum Herzen, ist die allumfassende Liebe die in Dir wohnt. Du bist dein Gott in eigener Person!

Ich befand mich in Russland, es war im Jahre 1840, der Krieg wütete und ich sah mich als Schamane durch die Wälder ziehen, wenn mich das Volk brauchte, war ich da, heilte jeden und alles. Ich bekam sehr viele Verletzungen selber ab, die mich aber nicht abschrecken, weiter meinen Weg zu gehen.

In einer kleinen Stadt, am Rande von Warschau, traf ich eine junge Frau, sie sah faszinierend für mich aus. Ihr Name war Agnes, dunkles Haar, zarter Körper, groß, blaue Augen, die leuchtenden wie Sterne.

Dann ging mein Seelenheiler, ein Stück weiter mit mir, in das Leben wo ich Agnes versprach, Ihr zu helfen, mit Ihrem

ungeheuren Wissen, in Naturheilkunde, ein kleines Geschäft einzurichten.
Ich sah das Geschäft, in kleinen Still direkt vor mir. Agnes Wunsch konnte ich nun erfüllen.

Wir gingen in das nächste Leben, Verbitterung war in mein Leben eingekehrt, tiefe Leere in meinen Herzen, ich hatte mich Hals über Kopf in eine andere Frau, die in mein Leben trat verguckt. Agnes, versprach ich noch immer dieses kleine Geschäft in der Provence. Wo Sie Ihre Kräuter, Salben und Tinkturen die zur Heilung der Menschen diente verkaufen konnte. In der Rückführung, bekam ich Schuldgefühle und meine Nase begann zu schniefen.

Meine schamanischen Fähigkeiten ließen nach, und ich war der anderen Frau verfallen, sie bettelte mich an Sie doch zu ehelichen, sonst würde Ihre Mutter, nicht eher Ruhe geben, bis sie nicht einen Mann ins Haus gebracht hat, der einen gehobenen Standard entspricht. Ich sah nur mehr einen rissen großen Wald, dichte Bäume standen vor mir, die Frau , Ihren Namen sagte sie mir nicht während der Rückführung, stand plötzlich vor mir, gab mir einen Krug mit einer dunklen Flüssigkeit zu trinken.

Ich erwachte am nächsten Morgen, wie im Trancezustand, die Frau neben mir lachte. Sie hatte ein eigen artiges lachen und komische Fingernägel, die etwas verformt waren. Ich fragte Sie, hast Du mir da was rein getan, in den Krug, ein eigenartiges Gefühl machte sich breit.

Nein, wieso weil ich Kopfschmerzen habe, und einen Ring am Finger. Der vorher nicht da war. Ich konnte mich an nichts erinnern, doch diese Frau grinste nur und sagte zischend wie eine Schlange. Ich bin jetzt deine Frau. Meine Mutter wird sich freuen, das zu hören, dass ich Frau Schamanin jetzt bin.
So viel ich auch nach dachte, ich kam nicht drauf, für mich war es natürlich eine Frau zu haben, irgendetwas aber störte mich. Ich befragte meinen Seelenheiler, ob er mich weiter führen kann.

Er sagte mir nichts, gab mir ein Zeichen mit der Hand, eine Feder. Vor mir sah ich kurz eine Frau mit einer solchen Feder, die mir zuwinkte und lächelte. Nächstes Leben, die Frau an meiner Seite, die ich ehelichte schenkte mir 3 wunderbare Kinder, doch es störte mich an dauernd etwas an Ihr.

Sie und Ihre Mutter führten das Regiment in der Familie am Rande des kleinen Städtchens. Ich kam mir überrumpelt vor. Wir gingen wieder weiter, plötzlich stand ich in einen Wald und eine Fee vor mir, sie entlockte mir alle Geheimnisse, meiner Heilarbeit als Schamane, ich erzählte sie wahrheitsgetreu. Die Reise ging weiter.

Jetzt befand ich mich in meinen Körper, als Heilerin und Kräuterfrau, ging ich in den Wald. Dort fand ich meine Kräuterlein, die ich für Salben und Tinkturen brauchte. Ein großer Mann, stand vor mir mit einer wunderschönen Feder um den Hals, ich bin der Magier Pale Santo und wer bist Du. Ich bin eine Hohe Priesterin, die verstoßen wurde aus der Gemeinschaft, weil ich alle heilen kann.

Mein Leben spielte sich in Atlantis zu dieser Zeit ab. Viele tausende Jahre zurück, ich erlebte es wie wenn es gestern gewesen wäre. Die Feder hat es mir angetan. Nun ging es erneut weiter, als Indianerin bei den Dakotas, traf ich einen Schamanen der mächtige Heilkräfte besaß, ich verliebte mich nach einer Weile in Ihn, und er machte mich zu seiner Ehefrau, wir hatten 2 Kinder, doch als unsere Tochter geboren wurde, war mein Schamane fort. Unsere Tochter lernte nie Ihren Vater kennen, eine andere Frau hat sich anderer Mächte und Zaubertinkturen bedient, ich hasste Sie, doch meine Kinder waren ein Andenken an meinen Schamanen Häuptling. Sie brachte viel Unruhe in das Dorf, keine Squaw hielt es mit Ihr aus.

Ich hielt diesen Schmerz nicht mehr aus, und ging mit den Buben, und unter meinen Herzen das ungeborene Kind aus dem Stammesdorf raus. Bis hier her begleitete mich mein Seelenheiler. Ich kam wieder im Hier und Jetzt an, und dachte nach über meine jetzigen Probleme die mit dieser Rückführung beantwortet waren.

Die Beschreibung für das jetzige Leben, um es besser und verständlicher für Sie zu machen.

Im Mai 2008 trat durch das Esoterik Portal Erich in mein Leben (Seelenverwandter). Kurz darauf im September 2008 hatte Erich ein kleines Lokal entdeckt, und er hatte die Idee, ein Esoterik-Geschäft daraus zu machen, doch es wollte nicht so sein, nach 8 Jahren kam seine Schwester vorbei. Im Mai 2009 wurden wir beide Gründer des Energetik-Verein Healing - Hands. Darauf folgte, 2010 die Eröffnung der Schwester eines Esoterik-Geschäftes.

Unser Verein hatte wenige Mitglieder, doch klein aber fein, es herrschte Neid, Eifersucht, Machtkämpfe, und dann folgte Ausschluss aus der Gemeinschaft des Vereins.

Weihnachten 2010 fand ich in einem Geschäft eine Silber weiße Feder, ein Einzelstück, das mich an meine Rückführung erinnerte, ich schenkte Sie Erich als Symbol der Wertschätzung, eine Woche später kam die Frau, aus dem Geschäft, winkte mir freundlich zu, und meinte, Ich habe noch eine 2Feder gefunden, komisch dachte ich, nahm die Feder, dachte bei mir falls Erich eine verlieren sollte, hebe ich die andere auf.

Heute weiß ich, die Bedeutung der Feder. Wir waren damals Bruder und Schwester. Da man immer wieder mit den selben Menschen, aus früheren Leben, hier auf der Erde in Kontakt kommt, ob man will oder nicht, war es auch so, manche Seelen inkarnieren früher oder später, oder führen Dich auf einer anderen Seelenebene. Zufälle gibt es nicht im Leben, es ist alles Bestimmung.

So kam eines Tages eine junge Frau zu mir, mit schweren Panikattacken, nach einigen REIKI Sitzungen, begannen wir mit der Rückführung in einen langen Therapiesitzung, sah die junge Frau, sich in meinen Mutterleib, aber ohne Vater. Sie wurde in einem Indianerdorf geboren, Ihr Name war weiße Feder.

Als wir die Rückführung beendet hatten, kullerten Tränen über Ihr Gesicht, den Sie konnte es nicht fassen, dies deckte sich total mit Ihrer Kindheit, von Tränen gerührt, erklärte Sie mir, das Sie als Sie mich das erste Mal sah, ein starkes Bindungsgefühl, später bei der schamanischen Sitzung mit Erich, den Sie noch nie zu vor gesehen hatte, erklärte Sie mir, Du Dagmar ist das dein Mann, Nein, wieso, da meinte Sie nur Ihr gehört zusammen, er mein Vater. Ich war so verblüfft, über diese Aussage, die sich im Hier und Jetzt, mit den ganzen Rückführungen des früheren Lebens überschnitten. Meine Klientin, hat eine starke karmische Verbindung zu uns beiden. Die ich in einen Clearing, gereinigt habe, das Band durchtrennt, um jetzt Ihren eigenen Weg der Selbstheilung zu gehen.

Mit diesen kleinen Erfahrungsberichten von Rückführungen, möchte ich Ihnen zeigen, die Probleme im Hier und Jetzt einfach zu lösen sind. Wenn man dazu bereit ist, dieses für sich SELBST zu tun. Von Euren Seelenheiler geführt, begebt Ihr Euch in eine Zeitreise des früheren Lebens, um Krankheiten zu besiegen, Probleme zu lösen, um eine bessere Lebensqualität zu erzielen.

DIE SEELE - DUALSEELE

Die Seele ist ein Teil unseres Herzens, eine kleine Knospe, rund und voll Wärme und Liebe.

In Anbetracht unserer Inkarnationen, haben wir schon viele Leben vorher gelebt bis die Empfängnis im Mutterleib stattfand. Wir haben uns SELBST die Eltern ausgesucht, auf dem Planeten Erde.

Unsere Eltern, wurden mit einer Aufgabe betraut uns hier auf Erden, unseren Seelenplan leben zu lassen, den wir uns schon lange vorher ausgesucht haben.

Jeder von Euch hat eine bestimmte Aufgabe hier, im Erdenleben zu erfüllen. Einige von Euch, müssen schwere Lektionen und Lernerfahrungen machen, bis Sie bereit sind den Seelenplan anzunehmen und zu erkennen. Denn es entscheidet immer der freie Wille, jedes Menschen, sich selbst sein nächster bester Freund zu sein. Die Seele, ist Euer Juwel, Euer Diamant, so wie der Ring am Finger.

Sie speichert alle Verletzungen, Schocks, Traumaten, Narben entstehen, es ist wie ein Stich ins Herz. Leider werdet Ihr Euch nicht immer bewusst, dass Ihr diejenigen seid, die sich SELBST am meisten verletzen, durch grobe fahrlässige Handlungen,Gedanken,Taten,Worte,versetzt Ihr Eurer Seele immer mehr Stiche, erkennt kaum die Folgen daraus.

Ihr sucht die Schuld, bei den anderen, geht einen bequemen Weg, aber nicht den nach Hause. Entscheidungen lässt Ihr anderen über, nur nicht die Verantwortung für Euch Selbst übernehmen.

Wenn Ihr erkannt habt, dass die Seele anders reagiert, kommt Reue auf, Schuldgefühle plagen Euch.

Doch immer noch, reagiert das EGO und der Hausverstand, die Seele wird dadurch ins letzte Eck gestellt, die alten Verletzungen,Muster,Glaubensätze,einfach verdrängt. Ihr hört keinen Hilfeschrei.
Das Herz (Herzchakra) beginnt sich zu wehren, dumpfe Gefühle kommen hoch. Emotionen nennt man dies, die auch in anderen Körperteilen zu spüren sind. So geht in Euch, seht Euch Euer Herz mal an, erkennt die Seele, als Euer Seelenbild. Sucht zuerst im Inneren, dann könnt Ihr Euch im Äussern erkennen.

Wer Ihr wirklich seid? Nicht der Ihr glaubt zu sein. Es ist ein verfälschtes Bild, Euren EGO`S und der Gesellschaft. Ihr habt Euch einfach entschieden, so zu SEIN. Verformt, Abhängig gemacht im Laufe der Zeit. Die Seele konnte, sich nicht wehren, die LIEBE blieb auf der Strecke. Ihr konntet sie gar nicht mehr in Euch entdecken.

Wir waren stets bei Euch, haben Euch ermahnt und die Botschaften der Liebe geschickt. Erhörten Eure Gebete, gaben Euch die Werkzeuge dazu, doch so mancher von Euch, kehrte um, fiel in ein tiefes Loch, gab anderen die Schuld, nur nicht sich SELBST! Gott, ist immer bei Euch, die aufgestiegenen Meister, Jesus Christus, Mutter Maria und die Engelshirachie, wir sind die, die Euch auf Eurer Seelenebene führen.

Die Werkzeuge habt Ihr schon lange vergessen, die Seele aber nicht. Das Herz ist Euer größtes Werkzeug, diese Energie der Schlüssel zur LIEBE. Öffnet Eure Herzen, dies wird im Wandel der Zeit verlangt, mancher von Euch, sieht sein Licht nicht leuchten. Die kleine Knospe, ganz verblüht, bring Sie zum blühen, wie die Blume des Lebens.

Wenn Ihr einem Blumenstock, tagelang, monatelang kein Wasser gebt, verdurstet er, und es ist kein Leben in diesem wundervollen Naturgeschöpf, er trocknet vollkommen aus. Habt Ihr es erkannt, noch ist es nicht zu spät, Wasser heilt den Pflanzenstock, er bringt seine ganze Blütenpracht, ganz langsam wieder zum erblühen, er will gepflegt werden, anerkannt werden, so wie deine SEELE auch.

Seelenhygene kann ich jeden Tag betreiben, nimm den Sonnenschein und lass ihn in dein Herz herein.
Geh hinaus in die Natur, erkenne bewusst die Schöpferkraft, von Mutter Erde.Tiere,Pflanzen,Steine, Bäume, Wasser, mach es Dir bewusst, was Euch das Universum alles zu bieten hat.
Werde EINS mit dem Universum, der Kraft der Liebe, die Euch umgibt, Schöpferkraft ist schon lange in Euch, kehrt nicht um sondern geht weiter, es ist der GLAUBE an EUCH selbst der fehlt.

WO EIN WILLE, IST AUCH EIN WEG!
Eure Seele führt Euch bereits, wenn Ihr bereit dazu seid. Konsequenzen des täglichen Lebens zu tragen, Eigenverantwortung zu übernehmen, Euer Licht leuchten zu lassen.

Euer Herz wird es Euch danken. Ihr werdet erfüllt sein von unsagbarer Liebe, zu allen und jeden, werdet ALLEINS sein, mit dem Universum, das die Welt erhellt.
Dies sollt Ihr an alle Menschen weitergeben, die Euch im täglichen Leben begegnen, das ist Euer Seelenplan, die Lebensaufgabe die Ihr vor Eurer Geburt SELBST beschlossen habt.

Nun kommt die Zeit, wo die Seele zum Aufbruch schreit, geh endlich weiter, bleib nicht stehen, kehr nicht um, doch mancher von Euch, überhört den ersten Hilfeschrei.

Die Ohren sind zu, die Augen blind, Sehstörungen, Ohrensausen all dies ist für Euch, nur ein Nebeneffekt. Doch die Wirklichkeit sieht anders aus, der Seelenschrei wird von Euch unterdrückt, weggeschoben, vergraben.

Wir geben Euch so viele Botschaften, in Form von Zahlen, Gesprächen, Federn, Menschen die Euch begegnen, Liebe die andere ausstrahlen, die Euch jetzt blenden, dann ist es Zeit für Euch, den Hilfeschrei anzunehmen, dem Licht zu folgen, altes loszulassen, einfach vorwärts gehen. Euren Seelenplan zu erfüllen, kann für manchen sehr schmerzhaft sein, die Konsequenzen daraus, ist Eure Eigenverantwortung, die Ihr schon beim Eintritt in den Mutterleib, Euch Selbst geschworen habt.

Wir stehen Euch immer, wieder zur Verfügung, wenn Ihr von ganzen Herzen darum bittet.
Helfen Euch die alten Muster, Glaubenssätze, Schuldgefühle loszulassen.

Bittet darum, es wird Euch gewährt, Ihr braucht nichts dabei zu tun, als GOTT zu Vertrauen.

Legt einfach die Probleme in Gottes Hände, bittet um innere Führung, sagt und bittet auch die Engel dazu, dieses Problem kann ich nicht mehr steuern, oder es ist mir zu schwer, eine Last auf meinen Schultern, übergebt es dem Universum. Schaut Euch aber immer dabei, dieses Problem von beiden Seiten an, rundherum Blick, erkennt auch einen Teil von Euch darin.

Diese Bewusstmachung trägt dazu bei den Hausverstand diplomatisch auszuschalten, dem EGO keine Chance zu geben, weitere Gedanken an Euch zu senden, Entscheidungen für sich Selber treffen. Eure Fehler zu erkennen, die Wahrheit über Euch Selbst, im wahrsten Sinn, tut oft weh.

Denn Ihr habt Euch im Vorfeld entschieden, einfach so zu sein, wie die anderen es wollen.
Entscheidungen sind Glaubenssätze, Gedanken sind Macht, Ihr habt Euch zu dem gemacht. Nur die Seele und Euer

Unterbewusstsein weiß wer ihr wirklich seid.

Jetzt ist der Zeitpunkt gekommen, wo alle Seelen, die hier auf Erden eine Lebensaufgabe zu erfüllen haben, einfach wach gerüttelt werden, den Weg nach Hause zu gehen. Zu Eurem wahren ICH BIN, allein mit dem Schöpfer. Schöpfer von Himmel und Erde. Ihr seid es die heimkehrt, in Euer Gotteshaus, den Schlüssel, dazu findet Ihr in diesen kleinen Büchlein als Wegweiser. Doch vorher muss ein Frühjahrsputz stattfinden, vom Keller bis zum Dachboden, entrümpelt werden, den wir zu Hause ankommen, muss das Licht erstrahlen. Harmonie und Frieden auf dieser Welt, dazu trägst Du bei, mit deinem Licht. Gott ist bei Dir und führt Dich, wenn Du es willst.
Deine Seelen licht erkennst Du in Dir, wenn deine Augen erstrahlen, dein Herz geöffnet ist, Du strahlst reine Liebe aus, dein reines Licht, deine Höchste Quelle, bist immer DU.

Hast DU den Weg gefunden, der steinig und schwer vor Dir liegt, heb alle Steine auf, beseitige sie, auch die großen, tritt nicht darauf, oder steig nur darüber. Sondern geh trotzdem bis zum Berggipfel rauf. Glaube mir es lohnt sich. Die Freiheit der Seele zu erleben, ist purer WAHNSINN.
Noch arbeiten wir an Euch, Umbauphase wird es bei uns Lichtarbeitern genannt.

Doch Eure Mitarbeit wird auch verlangt, wir können nicht alle Steine für Euch beseitigen.
Hört einfach auf Euer Herz, es zeigt Euch wo es lang geht.

ZWILLINGSSEELE – SEELENPARTNER

Nun möchte ich euch noch einen kleinen Auszug über Seelenverwandtschaft geben.

Ein Seelenpartner ist etwas anderes als eine Zwillingsseele. Seelenpartner kommen hier auf Erden zusammen um dasselbe Karma zu meistern und daraus zu lernen und wachsen. Diese Erkenntnis kommt oft erst später, wenn die gemeinsame spirituelle Reife erreicht ist. Die Seele weiß darüber am besten Bescheid, oft wissen die Partner selber nicht, dass sie Seelenpartner sind.

Seelenpartner unterstehen einer gegenseitige Anziehung, egal ob es die Sexualenergie, Herzenergie, die spirituelle Arbeit ist ihr Meisterschaftsweg. Oft ist es mit Scheidungen, Umzug, oder gemeinsame Arbeit im Dienste der Menschheit, von Gott vor der Inkarnation gesegnet zu worden.

Manche Menschen die noch an ihren spirituellen Weg arbeiten, füllen sich zu ihren Seelenpartner sehr verbunden, auch wenn man dieses Band der Anziehung durchtrennt, gelingt es nicht diese Kordel zu trennen. Bis die Blaupause von Gott, hier unten erfüllt ist, um eine gemeinsame Mission im Dienste von Gott zu erfüllen. Es gibt neben den Zwillingsseelen und Seelenpartnern eheliche Verbindungen, die auf einer karmischen Ehe basieren, das heißt: diese Ehe unterliegt einen Karma. Bis dieses aus früheren Leben aufgelöst ist.

Die Partner füllen sich voneinander angezogen, gehen den Bund der Ehe ein, weil Sie es in früheren Leben schon taten, doch hier auf Erden, müssen sie das Karma miteinander ausgleichen und lösen.

Die körperliche Vereinigung, dient lediglich als unbewusster karmischer Ausgleich, dies hat nichts mit der spirituellen Liebe zu tun, deshalb wissen viele Menschen nicht wer sie wirklich sind. Jeder übernimmt daher viele karmische Identitäten und Muster aus früheren Leben, seine wahre Identität geht dabei verloren.

Von Zeit zu Zeit besteht eine innere Leere, Traurigkeit, emotionaler Stress, man ist nicht in Harmonie und Einklang mit sich SELBST.

Dieses ist eine karmische Verbindung, dies zeigt das es nicht die richtige Beziehung ist, nach dem göttlichen Seelenplan. Die Seele weiß warum wir inkarniert haben.

Es gibt auf den Seelenebenen verschiedene Ursachen und Handlungen, die im Hier und Jetzt zum lösen sind. Vielleicht habt Ihr im früheren Leben keine Verantwortung für Familie, Geschwister übernommen. Hass, Neid, Eifersucht, Gewalt können die Handlungen, Aggressionen, all dies sind Karma die Ihr mit Zwillingsseele oder Seelenpartner zu lösen habt.

In einer karmischen Ehe, gehen die Partner verschieden Wege, der von Gott beauftragte, wird mit Lichtenergie versorgt und seine Seele weiß bereits für welchen Weg sie sich entschieden hat. Durch die Lichtenergie, erhöht sich Eure Schwingung, der spirituelle Weg führt Euch zu Euren Seelenpartner die zweite Hälfte Eurer Seele. Wenn diese Schwingungen im Gleichstand sind, könnt Ihr gemeinsam auf spiritueller Ebene miteinander wachsen, gemeinschaftlich dienen, egal Eure Kreativität zeigt es Euch an. Die heilige Arbeit zu dienen, im Namen Jesus Christus.

Im Wassermannzeitalter verstehen viele Menschen noch nicht, dass der Weg zum Christusbewusstsein mit Bewusstwerdung der wahren Identität, ein her geht. Wir sollen unsere Blaupause erfüllen, die uns Gott gegeben hat, auch wenn der Weg noch so steinig und schwer ist, wir gehen nach Hause.

ICH BIN DER ICH BIN! Erst wenn Ihr den lichtvollen Weg beschreitet, spirituelle Reife erzielt habt, kommt Ihr zum Kern Eures Lebenssinn. Der Lebenssinn besteht darin, Freude jeden Tag zu erleben, Harmonie und Frieden und das Licht in Euch zu spüren. Die Liebe die aus dem Herzen kommt.

Diese tiefe Liebe spürt auch Eure Dualseele, oft weiß der andere gar nicht darüber Bescheid. Weil er zu diesem Zeitpunkt, noch Karma zu lösen hat, oder seine Lernlektionen aus früheren Leben nicht ernst genommen hat, immer wieder die selben Fehler macht, solange bis er es sich bewusst gemacht hat, den Pfad der Vergebung weiter geht.

Somit lösen sich viele Karmas, Altlasten und Verträge auf. Man kann dies in Form von Gemeinschaften oder auch Gruppen absolvieren. Führerschaft übernehmen, GUTES tun.

Jeden Menschen begegnet Ihr hier auf Erden ein zweites Mal. Dies nennt man Inkanieren. Erst wenn Ihr Bewusste

Gedanken hegt, weshalb kommt der gleiche Fehler noch mal,
nicht in den Tag hinein lebt, wird Eurer Lichtenergie erhöht.
Die Seelen auf anderen Ebenen helfen Euch dabei.

EIGENLIEBE

Herzen. Herz ist Trumpf in diesen Wandel der Zeit. Das
Wassermannzeitalter bringt jeden von Euch bewusst dorthin.

Das göttliche in Euch, die ICH BIN - Präsenz verleiht Euch die
Macht, so zu sein, wie Ihr wirklich seid. Der Weg nach Hause,
ist nicht mehr weit, das Licht in dir, führt Dich zu deinem
Geburtsrecht.

Ihr selbst habt es Euch vor tausenden von Jahren
ausgesucht. Niemand anderer ist verantwortlich für diesen
Weg, als Du selbst!
Wenn alle Menschen vertraut sind, mit Ihrer ICH BIN -
Präsenz, strahlt die Liebe wieder auf diesen Planten Erde, so
wie es SEIN soll.

Dies soll Euch helfen, diesen Bewusstseins-Weg durch
Bewusstwerdung in Euren Herzen zu finden, es zu erkennen,
Eurem Licht die Chance geben, in die Welt hinaus zu
leuchten.

Mit jeden Gedanken den Ihr Euch BEWUSST macht, trägt Ihr
zur Veränderung der Erde bei. Harmonie und Frieden in die
Welt zu bringen, Mutter Erde zu nähren, das alles Schäflein
mit Lebensfreude heimkehren.

Diese Werkzeuge sind der Schlüssel in Eurem Herzen, steckt
in das Schloss der Vollkommenheit. Die Konsequenzen
daraus, sind die Offenbarungen der Wahrheit, die Wahrheit
soll jetzt raus.

Wahrheitsfindung auf allen Ebenen. Ihr könnt niemand
anderen schaden, nicht mal Euch selbst.
Erkennen der Wahrheit, die Liebe, Freude, Leichtigkeit zu
leben, Freiheit aus Eurer ICH BIN – Präsenz aus. Den
Sonnenschein in Euren Herzen zu bewahren, die Wahrheit

nicht zu verleugnen, einfach das Licht weiter leuchten zu lassen.

Auf Euren Meisterschaftsweg habt Ihr es nicht leicht, doch Ihr werdet dafür reichlich belohnt, die dunklen Seiten in Euch, sind besiegt. Das Licht in Euch hat gesiegt!

Das ist die Macht der ICH BIN – PRÄSENZ die Euch so Wertvoll macht, einzigartig auf dieser Welt. Vollkommenheit und Ganzheit, 2in1 leben, der Wahrheit ins Auge sehen.

Dieses Buch wurde im Auftrag der Engel und aufgestiegenen Meister von mir geschrieben, um den Menschen zu helfen, das Christusbewusstsein leichter zu erlangen.
Dieser spirituelle Wegweiser im Alltag, erleichtert die Prozessarbeit für den Aufstieg 2012, denn es wird nichts mehr so sein, wie es einmal war. Wir werden von unserem Licht, zur Harmonie, Frieden, Freuden und Glückseligkeit geführt um die Herzen zu öffnen, sowie es schon vor vielen Jahren auf diesen Planeten Erde vorgesehen war!

Dies ist ein Prozess, der unser Leben verändert! Mutter Erde unser Heimatplanet, wandelt sich Neu, in der gesamten Menschheit wird wieder Frieden und Liebe vorherrschen.

NACHWORT

Gib nie die Kraft deiner Liebe im Herzen auf
Sie führt Euch nach Hause, zu Euren wahren ICH BIN!

Seit jeden Tag dankbar aus Eurem Herzen, für das was Ihr seid.
Vertrauen in Euch selbst, ist der Schlüssel für die Vollkommenheit in Euren Leben.

Selbstliebe lässt Euch im Sternenlicht erstrahlen, so wie die Sonne am Himmel. Ihr könnt alle erblühen wie die Blume des Lebens. Es bedarf nur eines ICH WILL!

Vergangenheit lösen sich wie Nebelschwaden auf, das Licht in Euch kann noch mehr strahlen. Ihr seid der Meister Eures Weges nach Hause zu Eurem Ziel.

Der Weg ist das Ziel, die Meisterschaften zu beschreiten, die auf Euren steinigen Weg liegen. Den Gott in Euch zu finden, die Göttin zu erwecken, sich annehmen und Lieben.

Gott wird Euch führen und beschützen, auf allen Euren Wegen, wenn Ihr darum Bittet. Die bittere Pille des Alltags, Einsamkeit, Freiheitseinschränkungen, lässt Euch erkennen, dass die LIEBE alles verändern kann.

Selbstliebe ist das größte Gottesgeschenk, das Ihr habt. Dan könnt Ihr Eure Mitmenschen auf dieser Welt auch lieben, aus Euren Herzen heraus.

Rückschau halten, WER BIN ICH? aus Eurer inneren Mitte heraus, leuchtet das Licht. Ihr seid diejenigen die es in die Welt hinaus tragen. Alle Erfahrungen Eures Lebens, an Freunde, Bekannte, Kollegen weiterzugeben.

Der Planet Erde braucht jeden von Euch, der bereit ist den WEG NACH HAUSE zu gehen!

Ihr habt alle Hier und Jetzt eine Aufgabe, einen Lebenssinn find Ihn. Seid Euch bewusst, dass Eure Aufgabe den göttlichen Plan entspricht, vorwärts zu gehen.

Freiheiten aus dem Herzen zu leben. Das innere Kind fragen. WAS TUN WIR HEUTE? Einfach dein schöpferisches Potential für Dich persönlich leuchten zu lassen.

Wir sind bei Euch, lassen niemanden in Stich, beschützen Euch alle auf Euren Wegen. Jesus Christus ist immer bei Euch, auch wenn Ihr nicht religiösen Glauben habt.

Euer Schutzengel den Ihr seid der Geburt an Eurer Seite habt, könnt Ihr jeden Tag, bitten, Euch zu helfen, diesen Weg locker und leicht zu gehen. Den er und deine Seele wissen, wo dein Lebensweg Dich hinführt.

Rückführungen in dein früheres Leben, geben Dir Aufschluss, über Probleme im Hier und Jetzt. Nimm dir die Angst vor der Angst. Du hast schon viele Leben im Licht gelebt.

Macht Euch bewusst, es gibt nichts Schöneres auf diesen Planet Erde, als in Harmonie, Freiheit und Glückseligkeit zu leben. Das seid Ihr Euch Selbst Wert!

Die Vollkommenheit, der Liebe in Euch zu spüren, mit anderen in Ganzheit zu verschmelzen. Die Dualseele zu erkennen, mit Ihr zu lernen und zu wachsen, das Licht der Liebe an die Menschen weiterzugeben, Gemeinschaften zu bilden.

So seid Ihr vorbereitet auf den Aufstieg 2012, kein Erdbeben, kein Weltuntergang kommt auf Euch zu. Die Wahrheit zu finden, in Euch selbst, Bewusst die Gedanken in Eurer innerstes zu lenken. Zu erkennen wer Ihr seid, die Maske abzulegen, Licht und Liebe zu leben.

Diese Büchlein der spirituelle Wegweiser, soll Euch Aufschluss geben, in Licht und Lieb zu leben. Mut, Stärke zu zeigen, den Berg zu besteigen, Gott in Euch wachsen zu lassen. Ihr seid Eurer eigener Gott in Euren Herzen drinnen.

Die Krieger des Lichts führen Euch, trefft Menschen, bildet Gemeinschaften zum Wohle aller. Mutter Erde wird es Euch danken, tausendfach kommt es zu Euch zurück. Die bedienungslose Liebe einfach zu leben.

Ich danke Jesus Christus, meinen Engeln, aufgestiegenen Meistern, für diese Lernerfahrungen die ich bis dato gemacht habe, positive und negative gelernt habe zu akzeptieren und sie so anzunehmen, wie es gerade Präsent war.

Dies erhöht mein Licht von Tag zu Tag mehr, der Weg nach Hause, zu mir Selbst, war nicht einfach, doch ich bat um Unterstützung und sie wurde mir gewährt.

Dieses Recht zu leben, hat jeder Mensch hier auf dem Planeten Erde. Es ist Vollkommenheit, die Einheit des all Eins auf dieser Welt. Gott spricht jeden Tag mit Euch in Euren

DANKSAGUNG:

Ich danke meine Engeln, die mich inspiriert habt dieses Buch zu schreiben.

Danke, an meine Familie die mich dabei unterstützt hat diesen spirituellen Weg nach Hause zu gehen.

Danke, lieber Erich, dass Du mir in all den Jahren immer wieder gesagt hast, TU ES, schreib endlich. Und für deine Zusammenarbeit sowie Unterstützung bei diesem Buch, ohne deine Hilfe, hätte ich es nie geschafft, es jemals zu veröffentlichen.

Jetzt ist es an der Zeit gewesen, dieses Buch zu schreiben. Ohne deine Hilfe hätte ich vieles in den letzten Jahren nicht geschafft. Vor allem dieses Buch zu vollenden.

Danke, an Friederike, Ilse und Sky die an mich geglaubt haben und mich während des steinigen Weges, der körperliche und emotionale Tiefs mit sich brachte, unterstützt haben.

HERZ IST TRUMPF

IN MEINEN HERZEN DRIN, BIST DU DER SONNENSCHEIN
JESUS CHRIST ICH LIEBE DICH,

DU FÜHRST MICH ZUR QUELLE DES LICHTS
IN MEINE VOLLKOMMENHEIT;LÄSST MICH ERBLÜHEN
WIE DIE BLUME DES LEBENS,OHNE DICH WÜRD ICH DIE
WAHRHEIT NICHT ERKENNEN.
ICH BIN, DER ICH BIN SO STEHT ES IN MEINEN HERZEN
DRINNEN!

DAS EWIGE LICHT LEUCHTET, WIE DIE SONNE AM
HIMMEL LASS DIE SONNE IN DEIN HERZ HINEIN,SO
FRÖHLICH WIE DER SONNENSCHEIN BRINGST DU DEIN
LICHT IN DIE WELT HEREIN !

ICH BIN GOTTES LICHT, DAS LICHT GLÜHT WIE DIE
SONNE IN MIR, BRINGT MEIN HERZ ZUM SCHMELZEN
DIE LIEBE STRÖMT BEDINGUNGSLOS AUS MIR.

JESUS CHRISTUS ICH VETRAUE DIR !